Andreas Boskugel

Der VIS-FOR-LO® Lifestyle

Liebe, Güte, Barmherzigkeit

... und die totale Akzeptanz!

Rich Verlag – Andreas Boskugel
Wustrower Str. 18
D-13051 Berlin
www.andreas-boskugel.com

ISBN 978-3-95754-004-1

Rich Verlag – Andreas Boskugel
ISBN 978-3-95754-004-1
1.Auflage

Inhaltverzeichnis

Vorwort

Es ist weltweit eine sehr weit verbreitete Meinung, dass derjenige gewinnt und im Leben zu etwas kommt, der am klügsten und am stärksten ist, oder derjenige, der die besseren Waffen hat und diese am effektivsten einsetzt; also der Mensch, der am meisten körperliche Gewalt aussendet, und jener, der listiger ist als andere, sind im Volksglauben die Gewinner. Ich möchte Dir dagegen beweisen, dass es weder etwas mit Klugheit noch mit der Größe einer Waffe zu tun hat, wer denn letzten Endes den Sieg davon trägt.

Ich benutze gerne die Worte „mentale Stärke“, wenn ich beschreiben will, warum ein Mensch glücklich ist und im Leben zu etwas kommt. Der Sanftmütige ist in der Regel der Mensch mit der mentalen Überlegenheit! Er verschwendet seine Energie nicht mit Kritik an anderen oder versucht gar, seinen Mitmenschen seinen Willen aufzuzwingen oder ihr Verhalten zu beeinflussen.

Denn wenn jemandem daran gelegen ist, andere zu manipulieren, zeigt er damit nur auf, dass er sich selbst nicht in der Lage wähnt, sein Leben selbstbestimmend zu gestalten. Also ist der Versuch, andere nach seinen Wünschen beeinflussen zu wollen, lediglich ein Zeichen von Schwäche.

Ich möchte Dir in diesem Buch vermitteln, wie Du eine unüberwindbare mentale Stärke entwickelst, die Dich über alle Widrigkeiten des Lebens erhaben werden lässt!

„Wie jeder in seinem inneren ist,
so ist sein Urteil über äußere Dinge.“

- Thomas a Kempis -

Ich habe diese Zeilen zu Papier gebracht, damit es noch mehr Menschen gelingen mag, ihr eigenes Leben entscheidend zu verbessern und sich dieses absolut glückbringend zu gestalten. Ich werde Dir in diesem Werk einfache nachvollziehbare Schritte aufzeigen, wie Du negative Emotionen aus Deinem Herzen verbannst und zeitgleich mehr Liebe in Dein Dasein bringst und somit bereit wirst für ein wunderbares Leben ganz nach Deinen Wünschen.

Ich habe bewusst die vertrauliche Du-Form gewählt, weil die Botschaften so leichter Dein Herz erreichen.

Einleitung

Warum haben die meisten Menschen ein Leben, das sie nicht wirklich glücklich macht?
Warum erniedrigen sich viele von ihnen und denken, sie seien Opfer des Verhaltens anderer?
Warum geht es Unzähligen so schlecht, dass sie Trost suchen in Alkohol, Drogen, Überernährung und ungezügeltem TV-Konsum?
Warum erkennen nur wenige Menschen ihr wahres Potenzial?
Warum verlassen viele Menschen wieder diese Welt, ohne jemals ihre Herzenswünsche gelebt zu haben?
Die Antwort auf all diese Fragen lautet:
Weil sie sich selbst und das Leben nicht genug lieben!
Da siehst Du muskelbepackte Recken, die es nicht wagen, eine Dame, die ihnen gefällt, anzusprechen; da siehst Du bildschöne Frauen, die denken, ihr Äußeres sei höchstens durchschnittlich; da siehst Du Personen mit außergewöhnlich hohem IQ, die denken, sie seien nicht intelligent genug. Es ist erschreckend: Fast ausnahmslos jeder Mensch auf dieser Welt denkt, dass er ein Versager ist. Das glaubst Du nicht? Ist Dir vielleicht auch schon mal eine außergewöhnlich schöne Frau begegnet, die glaubte, dass sie diesen und jenen Makel hat, und sich aufgrund dessen für minderwertig hält? Oder hast Du nicht auch schon von einem erfolgreichen Unternehmer gehört, der denkt, er sei ein schlechter Ehemann und Vater? Von einem Menschen, der annimmt, er sei nicht gut genug, einen wunderbaren

Lebenspartner zu bekommen? Einem Künstler, der glaubt, niemals so gut werden zu können wie ein anderer seiner Zunft, der in der Öffentlichkeit steht? Einem Kind, das denkt, es sei unmöglich, eine Eins in Mathe zu bekommen?
Man brachte ihnen nicht bei, dass sie sich selbst lieben müssen!
Natürlich begegnen einem auch manchmal Menschen, die erzählen jedem, der ihnen zuhört, wie gut sie sind, was sie alles haben und können und wie klug sie sind, und man könnte glauben, dass so ein Mensch nur so vor Selbstbewusstsein strotzt. Aber würde er davor strotzen, müsste er Dir dann erzählen, wie gut er ist? Warum erzählt er es Dir? Weil er annimmt, dass Du es sonst nicht bemerken würdest! Also glaubt er tief in seinem Herzen gar nicht, dass er wirklich so toll ist, wie er gerne behauptet.
Wenn man diese Zeilen mal zusammenfasst, kommt man schnell zu der Erkenntnis, dass fast jeder Mensch glaubt, dass er Mängel hat, dass er in gewissen Beziehungen nicht gut genug ist, dass er sich verbessern muss, um das Recht auf ein wunderbares Leben zu haben.
Erzähle doch mal einer beliebigen Person, dass Du selbst oder jemand anderer perfekt ist. Da wirst Du sofort hören, dass niemand perfekt ist!
Wenn ich jemandem erzähle, dass ich keine Fehler habe, dann wird das für gewöhnlich als Spaß abgetan. Diejenigen, die merken, dass es ernst gemeint ist, halten mich für arrogant oder dumm oder einfach nur verrückt. Jeder hat doch Fehler!, höre ich dann. Aber warum glauben die Menschen, dass das so sei?

Weil sie sich selbst nicht genug lieben!

Denn wenn ein Mensch Makel haben kann, dann impliziert das, dass es eine einheitliche Norm geben muss, wie denn ein Mensch zu sein hat. Aber diese Norm gibt es nicht, das Empfinden, wie jemand zu sein hat, ist in jeder Region der Erde anders, war auch in jedem Zeitalter unterschiedlich, immer von kulturellen Epochen geprägt. Auch Diktaturen aller Zeitalter gaben Projektionen heraus, wie denn der perfekte Mensch zu sein hat, die Religionen erzählen uns, wie der vollkommene Gläubige zu denken und zu handeln hat. Aber es hat noch niemals eine allgemeingültige Norm gegeben, die globale und überepochale Gültigkeit hat und nach der sich alle Menschen bereitwillig richten würden.

Genau genommen hat niemand Fehler! Angenommen, da ist jemand außergewöhnlich stur und wird von seiner Ehefrau deswegen kritisiert, so könnte sein Chef ihn für dieselbe Charaktereigenschaft loben und ihn als besonders zielstrebig und hartnäckig bezeichnen. Anderseits könnte ein Vorgesetzter seinen Abteilungsleiter wegen mangelnder Durchsetzungsfähigkeit tadeln, während seine Gemahlin ihn wegen seiner Sanftmut liebt. Also sind es keine Fehler, sondern verschiedene Meinungen von ein und derselben Sache, welche Menschen mit unterschiedlichen Bedürfnissen anders wahrnehmen.

Es ist schon bemerkenswert: Wenn ein Huhn ordentlich gewachsen ist und alle Merkmale eines Huhnes aufweist, dann wird es sehr wohl als perfekt bezeichnet, auch ein Kaninchen oder sogar ein Auto oder ein Haus können vollkommen sein. Auch bei Pflanzen ist das so,

bei einem Stein oder einem Tisch. Aber bei Menschen scheint es absolut unmöglich zu sein, Perfektion zu verkörpern!
Ich werde Dir in diesem Buch beweisen, dass Du der beste Mensch bist, der je auf dieser Welt gelebt hat.
Dass Du absolut vollkommen bist, in jeglicher Beziehung!
Dass es viele Gründe gibt, Dich selbst und Dein Leben zu lieben.
Nur wurdest Du vermutlich nicht so erzogen, um das zu erkennen!
Woher ich das weiß? Weil nur sehr wenige so erzogen wurden!
Nahezu jedes Kind wurde mit Vorschriften konfrontiert, die es in seiner freien Meinungsbildung und ungehinderten Entfaltung seiner Vorlieben eingeschränkt haben.
Das ist auch nicht verachtenswert, nein, eigentlich ist das völlig normal, dass Kindern Grenzen aufgezeigt werden. Aber genau daraus resultiert bei vielen das Gefühl, ziemlich wertlos zu sein.
Da steht das Kleinkind und findet die Musikanlage vom Vater hochinteressant, es möchte dieses tolle, blinkende Gerät erforschen! Aber da kommen die Eltern und ziehen es mit Gewalt davon weg. Es mag keine wirkliche Gewalt sein, aber für das kleine Kind sind das Kräfte, denen es sich körperlich nicht widersetzen kann.
Der Papa darf daran gehen, die Mama auch, aber ich bin es nicht wert, dieses schöne Gerät zu bedienen. So ungefähr könnte es sich anhören, was gerade in dem kleinen Kopf vor sich geht. Wenn die Eltern sagen: *Du bist noch zu klein dazu!*, sagen sie eigentlich: *Du bist noch zu dumm dazu!* Denn von der körperlichen Größe reicht

das Kind ja heran, sonst bräuchten es die Eltern ja nicht davon wegzuziehen.

Und diese Gedanken und das dazugehörige negative Gefühl werden nun in dem Unterbewusstsein des jungen Menschen dauerhaft abgespeichert.

Im Umgang mit anderen Kindern sowie Erwachsenen geht es dann weiter, da will das eine Kind nicht mit dem anderen spielen, das nächste möchte sein Spielzeug nicht teilen, wieder ein anderes sagt ein hässliches Wort oder schubst es gar, der Lehrer ist nicht zufrieden mit dem Verhalten, der Nachbar ebenso wenig. Und jedes Mal speichert der kleine Mensch ab: *Ich bin nicht gut genug!* Es sind über die Jahre Zehntausende oder gar Hunderttausende solcher einzelnen Begebenheiten, die in das Unterbewusstsein des Kindes wandern.

Daraus resultiert dann, dass zweifellos jedes Individuum auf irgendeinem Gebiet Unsicherheiten in sich trägt. Diejenigen, die das am heftigsten bestreiten, haben in der Regel die meisten davon.

Diese Minderwertigkeitsgefühle werden Dir von Deiner Umwelt konsequent vermittelt und aufgeprägt. Wenn das Kind Wünsche hat, werden diese Wünsche von den Eltern negiert: *Ach, das brauchst Du doch gar nicht, das kannst Du später haben, wenn Du größer bist.* Oder: *Wenn Du eine Eins in Mathe auf dem Zeugnis hast, reden wir noch mal drüber, ja?* Und so weiter und so fort, jedes Mal wird diesem jungen Menschen gesagt, dass er als Person nicht wertvoll genug ist, dies oder jenes zu haben. Ich möchte jetzt in keinem Falle die Eltern dieser Kinder in irgendeiner Weise diskriminieren. Natürlich müssen Kinder irgendwelche Grenzen erhalten, natürlich haben es die Eltern in ihrer eigenen Kindheit genauso gelernt, und sie sind dementsprechend konditioniert. Ich weiß auch, dass es vielen Eltern gar nicht möglich ist, ihren Kindern die Wünsche zu erfüllen. Aber darum soll es in diesem Buch auch gar nicht gehen. Ehrlich gesagt, habe ich keine Idee, wie man seine Sprösslinge am besten erziehen sollte. Also, liebe Eltern, bitte verzeiht mir meine Ausführungen. In diesem Buch geht es nicht im Ansatz um ein neues Erziehungskonzept, sondern es geht darum, wie Du es schaffen kannst, trotz Deiner Erziehung – wo Dir täglich unzählige Male vermittelt wurde, dass Du belanglos bist – in Dir die Erkenntnis wachsen zu lassen, dass Du absolut wertvoll bist. Ich gehe sogar so weit, Dir vermitteln zu wollen, dass Du der wertvollste Mensch auf diesem Planeten bist. Sollte es noch andere intelligente Wesen im Universum geben, dann bist Du sogar das beste, wertvollste intelligente Wesen im gesamten Universum!

Ich weiß, dass sich das erst mal absolut irreal anhört, aber ich möchte Dir versichern, dass Du, wenn Du versuchst, mir unvoreingenommen zu folgen, und wenn Du die vorgeschlagenen Übungen gewissenhaft und mit Beharrlichkeit befolgst, mir nach einer gewissen Zeit beipflichten wirst. Du wirst zu der Erkenntnis gelangen, dass Du über alle Maßen erlesen bist, Du wirst beginnen, Dich selbst von ganzem Herzen zu lieben, und ich weiß, dass Dir

„Auch wer um die ganze Welt reist,
um das Schöne zu suchen,
findet es nur, wenn er es in sich trägt."

- Ralph Waldo Emerson -

Dein Leben von diesem Moment an richtig Spaß machen wird, ich weiß, dass das der Schlüssel ist, um ein Leben im absolutem Glück zu erfahren.

Wenn sich diese Erkenntnis in Dir gefestigt hat, dann werden nicht nur ungeahnte Glücksgefühle in Dir entstehen, sondern es werden auch andere großartige Veränderungen in Dein Leben treten. Deine Gesundheit wird sich verbessern, die Beziehungen zu anderen Menschen werden absolut beglückend werden, und Dein Einkommen wird sich ohne großartige Anstrengung vervielfachen. Du wirst mit wesentlich weniger Arbeit als bisher wesentlich mehr Geld verdienen.

Dinge, die Du möchtest, werden ohne große Anstrengung in Deine Erfahrung strömen, Dinge, die Du nicht möchtest, werden nicht mehr länger Teil Deines Lebens sein.

Du wirst wesentlich intensiver lieben können, alle Erfahrungen werden einfach besser werden als jemals zuvor, es werden wahrhaftige Wunder in Deinem Leben passieren.

Woher ich das weiß? Ich weiß das, weil ich das in meinem eigenen Leben so erfahren habe.

Vor gut 20 Jahren war mein Leben so unbefriedigend, wie es zum Glück nur wenige erleben müssen!

Ich war Alkoholiker, Kettenraucher und lebte vom Sozialamt.

Meine Freundin war hässlich, dumm, adipös und gemein. Sie redete, wo sie nur konnte, schlecht über mich, belog mich, betrog mich, und sie bereitete mir täglich Streit und Stress.

Dennoch war ich von dieser Frau abhängig, denn wenn ich meine Sozialhilfe nach zwei Wochen restlos für Alkohol ausgegeben hatte, war sie diejenige, die mich – unter täglichen Vorwürfen und Schuldzuweisungen – ernährte.
Könnt Ihr Euch vorstellen, wie sich das anfühlt? Da ist eine Frau, die man eigentlich gar nicht mag, die einem täglich schlechte Gefühle bereitet, und man ist trotzdem auf sie angewiesen, weil man ansonsten hungern müsste?
Wenn Du nicht weißt, wie erniedrigend man sich in dieser Situation fühlt, dann danke Gott dafür, dass Du noch nie in einer solch beschämenden Lage warst.
Diese demütigende Beziehung markierte eindrucksvoll den absoluten Tiefpunkt in meinem Leben!
Hättest Du mich damals gekannt, dann hättest Du mich entweder bemitleidet oder Du hättest mich verachtet. Andere Gefühle hat man für gewöhnlich nicht übrig für Menschen, die auf dieser Stufe des Lebens stehen. Noch nicht mal Personen, die sich selbst auf dieser Stufe befinden, sind in der Lage, solche Leute zu lieben. Ich kann mich noch an meine „Freunde“ erinnern, die ich damals hatte. Wir haben uns gegenseitig beklaut und versuchten, uns die Frauen auszuspannen.
Ich weiß, dieses Verhalten ist unterste Schublade, aber diesem Niveau gehörte ich an, und natürlich standen die Menschen, mit denen ich verkehrte, auf einer ähnlichen Stufe wie ich selbst.

Heute sieht mein Leben diametral entgegengesetzt aus, ich bin gesund, ich trinke keinen Alkohol, rauche nicht, ich bin sportlich, ich bin reich und glücklich, und ich genieße jeden Tag meines Lebens in vollen Zügen!

Ich habe niemals eine Therapie gemacht, um den Alkohol aus meinem Leben zu verbannen, ich habe niemals einen Psychologen oder gar eine Veranstaltung der anonymen Alkoholiker besucht. Das war auch absolut nicht notwendig, denn ich bin den Weg des VIS-FOR-LO® Lifestyles gegangen und der Drang, mich zu betäuben, war irgendwann einfach nicht mehr da. Genauso habe ich Jahre später 20 Kilo abgenommen, vollkommen ohne Anstrengung, ich habe einfach nicht mehr das Verlangen gespürt, irgendwelches ungesundes Essen in Übermaßen aufzunehmen.

Mein Leben ist ohne große Anstrengung einfach von Tag zu Tag besser geworden. Die meisten Menschen glauben, sie müssen kämpfen, um ihr Leben nachhaltig zu verändern, aber ich möchte Dir hier erzählen, dass eine wahre Verbesserung niemals mit Kampf zu erreichen ist. Wenn Du genau hinschaust, dann wirst Du es selbst sehen. Bei den anonymen Alkoholikern ist der Rückfall nicht etwa die Ausnahme, nein, es ist die Regel! Dort haben fast alle Teilnehmer Rückfälle, es ist normal! Wie viele übergewichtige Personen kennst Du, die mit Diäten dauerhaft abnehmen? Bei den meisten ist es doch ein zermürbender, kräftezehrender Kampf gegen das Übergewicht, der in den allermeisten Fällen verloren wird. Irgendwann finden sie sich dann mit etwas ab, mit dem sie niemals wirklich glücklich sein werden. Das Gleiche kann man in Beziehungen beobachten: Auch da geben sich viele mit etwas zufrieden, was nicht dazu ausgelegt ist, einen Menschen wahrhaft glücklich zu machen. Deutlich kann man das an Statistiken beobachten, in denen klar zu erkennen ist, dass sogenannte Gemütskrankheiten ständig zunehmen. Depressionen, Midlife-Crisis – mit welchen Worten man diese chronische Unzufriedenheit auch immer ausdrücken möchte – sind auf einem gewaltigen Siegeszug. Die Zahl der Leute, die Antidepressiva konsumieren, nimmt in beängstigendem Ausmaße zu. Wenn man die Zahl derjenigen, die permanentem Alkoholmissbrauch oder der unkontrollierten, ungezügeltem Esslust erlegen sind, und auch noch jene, die mit täglichem stundenlangem Fernsehkonsum oder irgendwelchen Computerspielen versuchen, ihrem Alltag zu entfliehen, dazuzählt, dann kommt man zu der Erkenntnis, dass irgendetwas in der gesellschaftlichen Entwicklung im Argen liegt.

Ich denke, das größte Problem ist, dass die meisten Menschen sich tief in ihrem Herzen wertlos fühlen. Dieses Gefühl wurde ihnen schon das ganze Leben lang vermittelt. Ihnen fehlt es deutlich an Liebe zu sich selbst!

Die Welt ist keine Kugel, sie ist eine Meinung!

Muss denn eigentlich etwas richtig oder falsch sein? Kann es nicht einfach einmal so und ein anderes Mal anders sein? Kann es nicht einfach Ansichtssache sein? Eine Meinung? Ein Glauben? Eine Einstellung des Einzelnen? Ist chinesisch eine schwierige Sprache? Der eine sagt Ja, der andere meint: *Wieso schwer, ist doch ganz einfach!* Gibt es denn darüber – und zu vielen anderen Themen – eine absolute Wahrheit? Kann eine absolute Wahrheit sich ändern? Die Welt ist eine Scheibe?

Jeder weiß, dass der wissenschaftliche Beweis von heute der Irrtum von morgen ist.

Es gibt unglaublich viele wissenschaftliche Irrtümer, die damals bewiesene Tatsachen und allgemeines Gedankengut waren!

Nichts, absolut nichts ist einfach wie es ist, alles, ja wirklich alles ist eine Meinung!

Gut kann man das an Religion erkennen.

Angenommen ein junger Mensch geht in eine Kirche und erzählt dem Pfarrer, dass er gerne zu einer Religion finden würde. Er würde ihn fragen, welcher Glaube der beste sei. Dann würde ihm der Pfarrer vermutlich antworten, dass alle Religionen gut sind, aber sofort würde er beginnen, dem Jugendlichen die Vorzüge seines eigenen Glaubens aufzuzählen.

Wenn der Jugendliche am nächsten Tag in eine Mosche geht, wird er etwas Ähnliches hören, am folgenden Tag beim Rabbi ebenfalls. Und so könnte er sich von sämtlichen Religionen beraten lassen und alle würden ihm sagen, dass sie die Besten sind. Selbst wenn er sich dann noch nach bestimmten Strömungen dieser Religion erkundigt, wird er vom Protestanten ebenso wie vom Sunniten oder eben anderen Glaubensrichtungen immer nur hören, warum denn gerade diese Strömung das Nonplusultra ist!

Das wirklich wichtige an dieser Erkenntnis ist nicht, dass es viele andere Meinungen gibt, sondern dass keine dieser Meinungen falsch ist! Im Grunde hat jeder recht und vertritt die für ihn richtige Meinung. Aus ihrer Perspektive nach ihren Glaubenssätzen haben sie einfach recht! Dass jetzt vielleicht einer von denen die Meinung hat, dass die Ansicht des anderen falsch ist, beruht immer nur auf der Annahme, dass seine eigene Meinung die einzig richtige ist. Das ist mit jedweder Meinung so! Jeder hat recht! Da streiten sich zwei Eheleute über die Arbeit im Haushalt. Das Entscheidende ist, dass sie beide recht haben! Der eine glaubt aufgrund seiner Erziehung und seines kulturellen Hintergrundes, dass es auf seine Art gemacht werden muss, der andere glaubt etwas anderes. Aber aus ihrer eigenen Perspektive betrachtet, haben beide recht! In diesem Falle wird das Paar nur seine Harmonie erhalten können, in dem jeder die Meinung des anderen respektiert und beide auf Augenhöhe an einem Kompromiss arbeiten.

Jeder Mensch ist von der Richtigkeit seiner Meinung überzeugt! Aus ihrer eigenen Sichtweise hat jede Person die beste und logischste Meinung der Welt, weil sie zu 100 Prozent mit ihrem Glauben und ihrer Weltsicht übereinstimmt! Also wenn Du die Meinung eines anderen ändern willst, solltest Du ihm Argumente bringen, die seine Weltsicht verändern, oder lass es. Ja, am besten ist, Du lässt es! Lass doch dem anderen seine Meinung!

Und so glaubt der Sittenstrenge, dass es richtig ist, so zu sein, er kann Dir auch stichhaltige Argumente dafür bringen, der Sorglose kann das auch, ebenso wie der Vorsichtige. Der Pessimist kann das, der Optimist ebenso, auch ein Angehöriger des Ku-Klux-Klan kann das, auch der Kommunist und der Nationalist.

Du kannst jetzt viele Argumente finden, dass die Ansichten der eben Genannten falsch seien, aber wiegen Deine Argumente schwerer als die ihren? Drehe und wende es, wie Du willst, im Grunde ist und bleibt alles eine Meinung, jeder hat eine andere, und das ist auch gut so.

Derjenige, der die diametral entgegengesetzte Meinung von Deiner Ansicht vertritt, fühlt sich ebenso im Recht wie Du!

Nun sagst Du vielleicht: *Ich will doch nur eine bessere Welt!*

Das glaube ich Dir, aber Du möchtest die bessere Welt zu Deinen Bedingungen, das, was Du als bessere Welt bezeichnest. Ein anderer möchte es ja vielleicht nicht so wie Du, er möchte ebenfalls eine bessere Welt, aber sein Entwurf sieht eben anders aus als Deiner.

Gehe doch mal hin zu zwei Profiboxern und sage ihnen, dass Du nicht mehr möchtest, dass sie sich gegenseitig wehtun. Was glaubst Du, was sie Dir erwidern werden? Was denkst Du, wie viele es mögen, dass die beiden kämpfen? Die meisten Zuschauer eines

„Schwerer noch als nach seinen Überzeugungen zu leben ist es, sie anderen nicht aufzuzwingen."

- Marcel Proust -

Boxkampfes wünschen sich sogar, dass einer von beiden so hart geschlagen wird, dass er das Bewusstsein verliert und zusammen bricht.

Du willst weniger Gewalt im Fernsehen? Warum ist so viel Gewalt im TV? Weil es den Wünschen der Zuschauer in diesem Sendegebiet entspricht! Das ist ganz klar von der Einschaltquote geregelt. Was viele einschalten, davon gibt es bald mehr, wo wenige zuschauen, das wird demnächst reduziert oder abgesetzt! Wenn Du weniger Gewalt im Fernsehen willst, dann brauchst Du Dir das Unerwünschte einfach nicht anzusehen, aber bitte mach doch den anderen keine Vorschriften, dass sie es Dir gleichtun sollen! Viele Menschen lieben eben ihre Faustkämpfe, Action- oder Horrorfilme. Wenn Du eine bessere Welt willst, dann solltest Du Dich um Deine Welt kümmern. Was die anderen tun, dass geht Dich nichts an. So stellt sich vielleicht der Drogenkonsument das Paradies vor: mit vielen legalen Drogen; der Kriminelle: ein Staat ohne Polizei; das Kind: eine Welt ohne Schule; der Saufbruder: ein Land mit Schnaps auf Rezept; der Schürzenjäger: eine Welt voller gefügiger Frauen.

Kümmere Dich um Dein Eigenes, die Wünsche von anderen Menschen sind für Dich nicht relevant!

„Sei Du selbst die Veränderung,
die Du Dir wünschst für diese Welt.“
- Mahatma Gandhi -

Deswegen verstehe ich auch bestimmte Auslegungen von Religionen nicht, sie sagen fast alle, dass Gott den Menschen geschaffen hat. Aber angenommen jemand ist homosexuell veranlagt, und auf einmal sagen sie, dass das mit den Gesetzen ihrer Religion nicht vereinbar ist, dass er diese Neigung hat oder gar auslebt. Auch diskriminieren viele Religionen die Frau, indem diese nicht gut genug scheint, um ein hohes Amt in der jeweiligen Konfession zu bekleiden.

Sie predigen einerseits die Liebe, aber andererseits bestehen sie darauf, dass es Menschen gibt, die nicht gut genug sind. Wie könnte jemand, der vom Schöpfer erschaffen wurde, weniger wert sein als ein anderer? Ist das wirklich Liebe? Ich denke, Menschen mit Zuneigung zu betrachten, heißt zu erkennen, dass jeder eben so ist, wie er ist! Gut, Schlecht, Richtig, Falsch stellen lediglich Betrachtungsweisen dar. Diese Sichtweise hängt lediglich davon ab, wer Du selbst bist und in welcher Familie Du erzogen wurdest.

Zu 100 % den gleichen Blickwinkel wie ein anderer kann niemand haben, niemand kann sich zu 100 % in einen anderen Menschen hineinversetzen. Das ist absolut nicht möglich, aber auch überhaupt nicht notwendig.

Ich glaube daran, dass etwas mehr Gelassenheit im Umgang mit anderen Ansichten uns allen guttun würde. Was hat jemand davon, wenn er die Meinung eines anderen verteufelt?

Ich will Dich dazu ermuntern, Deine Gedanken dahingehend auszurichten, dass Du einfach akzeptieren kannst, dass andere

Menschen eben andere Meinungen haben. Ziel ist natürlich nicht, dass Du das zähneknirschend tolerierst, sondern dass Du es genauso einfach mit einem Lächeln, ohne negative Emotionen aufnimmst, als wenn Dir ein Freund erzählen würde, dass er keinen Spinat mag und lieber Brokkoli isst.

Das ist die wesentlich klügere Handlungsweise: dem Gegenüber mit Respekt für seine Meinung und mit Güte und Herzenswärme zu begegnen als mit Unverständnis. Man kann einem Menschen auch dann mit Verständnis begegnen, wenn man ihn eigentlich nicht versteht. Man kann einfach sein Bestes geben, zu akzeptieren, dass der andere aufgrund seines Erfahrungsschatzes eine andere Meinung hat als man selbst, welche man aber nicht teilen muss. Du musst seine Meinung überhaupt nicht verstehen, Du solltest nur respektieren, dass er eben aufgrund der Prägung seines Unterbewusstseins eine andere Sicht der Dinge hat als Du!

Das empfehle ich Dir nicht, damit es dem anderen besser geht, wenn Du Dich über diesen nicht mehr aufregst, sondern ich ermuntere Dich dazu, damit es Dir selbst besser geht, in dem Du keine negativen Gedanken und damit verbunden keine negativen Gefühle mehr mit anderen Menschen verknüpfst!

Es tut Dir selbst absolut gut, wenn Du aufhörst, andere belehren zu wollen, sie in ihrer Intelligenz abwertest, nur weil sie eine Meinung vertreten, die der Deinen nicht entspricht.

Der andere wird seine Meinung sowieso nicht ändern!

Stell Dir vor, es kommt jemand zu Dir, bemängelt Deine festgefügte Meinung über gewisse Aspekte des Lebens und möchte, dass Du nun einsichtig bist, Deine Meinung darüber ablegst und seine Meinung annimmst.

Merkst Du, wie verrückt das ist? Schon wenn jemand erwartet, dass irgendjemand etwas einsieht, nimmt er ja vorweg, dass nur eine Meinung richtig sein kann – natürlich seine eigene!

Mir könnte ein überzeugter Marxist 100-mal das kommunistische Manifest vorlesen oder ein inbrünstiger Nationalsozialist eine Lektüre von Adolf Hitler, ich würde dennoch nicht die Meinung derjenigen annehmen und meine eigene ablegen; so geht es den meisten Menschen. Wozu dann also dieser Aufwand?

Natürlich gibt es immer wieder diese selbst ernannten Weisen, die auf der Richtigkeit ihrer Meinung beharren. Sie glauben, im Besitz der ultimativen Wahrheit zu sein, das Monopol auf die einzig richtige Weltsicht zu haben, sie tun so, als würde diese Sichtweise der Dinge ihnen vom Schöpfer persönlich vermittelt. Dass solch eine Einstellung natürlich im Kleinen nur Streit und Zwietracht mit anderen Menschen mit sich bringt und im Großen Gewalt und Krieg zwischen Völkern und Nationen hervorbringen kann, ist ziemlich gewiss, denn auch andere Gruppen sehen sich im Besitz solcher Wahrheiten, und alle diese Ansichten unterscheiden sich voneinander.

Aber das kann Dich nicht davon abhalten, bei Deiner Weltsicht zu bleiben, dass Deine eigene sowie auch andere Ansichten eben nur

Meinungen sind. Deswegen solltest Du anderen ihre Sichtweise lassen, selbst wenn Dein Gegenüber Dir nicht Deine Meinung zugestehen möchte. Ich weiß, dass kann eine schwere Aufgabe sein. Aber wenn ein anderer Dich von seiner Richtigkeit überzeugen möchte, solltest Du es ihm nicht gleichtun, denn dann bist Du genauso wie er! Du solltest darüber stehen und ihm seine Meinung zubilligen, auch wenn er nicht gewillt ist, Dir Deine zu lassen!

Egal wo, es geht immer nur um den vermeintlichen Kampf zwischen Gut und Böse. Aber diesen Kampf gibt es nicht! Es ist immer nur der Kampf zwischen der einen und der anderen Meinung! Die einzige Lösung für dauerhafte Harmonie besteht darin, die Meinung anderer nicht mehr zu bekämpfen, egal was Du von dieser hältst. Du solltest in jeder Lebenssituationen daran denken, dass andere Menschen dasselbe wollen wie Du: Liebe, Anerkennung und Respekt! Manche haben eben etwas ungewohnte Methoden, um das auszudrücken. Das sollte aber noch lange kein Grund für Dich sein, ihnen das Erwünschte zu verwehren!

Gibt es eine richtige Art zu leben?

Wenn man hinaus in die Welt blickt, könnte man zu der Meinung gelangen, dass es eine richtige und eine falsche Art zu leben gibt.
Ich glaube, dass jeder Mensch tief in seinem Herzen glaubt, dass das, was er selbst tut, richtig ist! Das kann man selbst bei Personen beobachten, die z. B. gegen Strafgesetze verstoßen. Sie stellen sich eben hin und erzählen Dir, dass diese Gesetze falsch seien und abgeschafft gehören und dass es deswegen richtig sei, dagegen zu verstoßen!
Man sollte einfach mal bedenken, dass die Welt mittlerweile aus über sieben Milliarden Menschen besteht, und jedes dieser Individuen hat seine ganz eigene Sicht auf die Dinge. Wenn man nun behaupten würde, dass es eine falsche Art zu leben gibt, dann würde das implizieren, dass ein Großteil aller Menschen diese falsche Art zu leben bevorzugt.
Wenn es nicht so wäre, bräuchte ja niemand den anderen verändern zu wollen. Da aber fast alle Leute dieser Welt andere permanent kritisieren, muss es ja so sein. Zumal immer wieder große Menschen sich in erster Reihe mit Missbilligung anderer Leute hervortun. Da sind Präsidenten, Nobelpreisträger, Stars, Oscar-Preisträger, ja selbst der Papst, die nun ständig darüber lamentieren, dass die eine oder andere Person falsch handelt.
Um die Fehler seiner engsten Mitarbeiter aufzuzählen, bemüht Papst Franziskus ein ganzes Medizinlexikon. 15 Krankheiten

attestierte der Papst den Kardinälen und Geistlichen, die in der Kirchenverwaltung arbeiten. Dazu zählt das Kirchenoberhaupt „existenzielle Schizophrenie" oder „geistliches Alzheimer". Wenn sogar der Papst glaubt, dass selbst seine Kardinäle falsch handeln, impliziert auch das: *So wie ich es mache, ist es richtig, so wie andere handeln, ist es falsch!*

Also muss es doch eine „richtige Art zu leben" und demzufolge auch eine „falsche Art zu leben" geben. Wer sich nicht daran hält und die „falsche" Seite wählt, hat die Kritik der Weltgemeinschaft und deren Repressionen zu fürchten.

Wie mag es dann aber kommen, dass sich die meisten Menschen gegenseitig Vorwürfe machen?

Ist es denn so, dass derjenige, der sich nicht an die allgemeingültige Regel hält, wie man zu leben hat, trotzdem andere kritisiert?

Oder akzeptiert er diese allgemeingültige Regel einfach nicht?

Wenn eine Regel aber allgemeine Gültigkeit besitzen soll, wer hat sie denn erlassen? Es müsste ja jemand sein, der über den Menschen steht. Ansonsten würde ja die Person, die sie erlässt, ihresgleichen bevorzugen und andere benachteiligen.

Also gibt es nur eine Möglichkeit, dass der Schöpfer selbst solche Vorschriften erlassen hat, nach der sich nun jeder Mensch zu richten hat.

Auch Du kennst sicherlich solche Regeln, deren Verstoß die Kritik anderer auf Dich lenkt.

Damals, bevor meine Eltern sich scheiden ließen, mussten wir beim Abendbrot immer kerzengerade am Tisch sitzen und selbst belegte Brote mit Messer und Gabel essen. Aber ich kann nicht glauben, dass diese Vorschrift von Gott gekommen sein soll.

Da fällt mir gerade ein, dass ich mal gelesen habe, dass es Kulturkreise gibt, bei denen es Sitte ist, bei Tisch zu schmatzen und zu rülpsen. Hätte ich beim Essen geschmatzt und gerülpst, hätte mein Vater wohl einen Anfall bekommen.

Also wenn es in anderen Gegenden dieser Welt andere Sitten gibt, die diese Menschen dort als richtig und gut verteidigen, die bei uns aber schon fast als Todsünde gehandhabt werden, dann kann doch irgendetwas nicht stimmen!

Stellen wir uns mal vor, dass es tatsächlich Gott war, der uns diese Verhaltensnormen diktiert hat. Warum hat er dann so viele verschiedene Maßstäbe gesetzt? Warum hat er nicht allen Menschen die gleichen Vorschriften erteilt? Und warum hat er anscheinend nichts dagegen, dass diese Verhaltensnormen gebrochen werden? Also ich habe noch nie gehört, dass jemand beim Essen vom Blitz getroffen wurde, weil er gerade geräuschvoll aufstieß oder weil er sein Besteck nicht vorschriftsmäßig benutzte.

Warum bekommt denn der eine in einer bestimmten Situation einen Tobsuchtsanfall und der andere bleibt ganz ruhig und gefasst? An der Situation kann es ja nicht liegen, sonst müssten ja alle Menschen in dieser Situation genauso handeln.

Also liegt es an Dir selbst! Man könnte sagen: an Deinem Wesen.

Aber was ist es, dieses Wesen? Man nennt es auch Deinen Charakter, aber eigentlich ist es nur die Summe aller Gedanken Deines gesamten Lebens. Als Du ein Kind warst, haben andere für Dich gedacht und so Deinen Charakter geformt. Daraus folgt dann irgendwann der, der Du jetzt bist. Das kann jetzt natürlich nicht falsch sein, als falsch betrachten das nur Leute, die der merkwürdigen Einstellung nachhängen, dass alle Menschen gleich sein müssten, wie eine hergestellte Ware, vielleicht der Big Mac, der ja weltweit gleich sein soll.

Menschen sind nun mal individuell, da gibt es weder eine Norm noch ein allgemeingültiges Modell. Deswegen kann es auch kein Richtig oder Falsch geben, das entscheidet jeder für sich selbst. Natürlich muss es in großen Personengruppen auch ein paar Regeln geben, damit die körperliche Unversehrtheit der Menschen nicht durch andere beeinträchtigt wird.

Warum denken Leute immer, dass andere sich so benehmen müssen, damit es ihnen behagt? Obwohl sie sich selbst so verhalten, wie es ihnen persönlich gefällt?

Es ist überhaupt gar nicht möglich dass ein Mensch so ist, dass ihn alle anderen mögen. Denke darüber nach: Wie sollte jemand sein, dass ihn alle mögen? Es funktioniert nicht! Egal wie er ist, es gibt immer welche, die dagegen sind. Aber das ist nur so, weil sie die Vielfalt der Menschheit nicht verstehen und glauben, sie selbst seien dieser vollkommen richtige Mensch, nach dem sich alle zu richten haben.

Warum funktioniert es bei den Tieren so einfach? Warum verhalten sich die Tiere einer Gattung alle gleich? Da gibt es noch nicht mal regionale Unterschiede. Die Rauchschwalbe ist in vielen Teilen der Welt zu Hause, aber alle bauen ihr Nest genauso. Auch die Stubenfliege ist weltweit beheimatet und benimmt sich überall auf der Erde einheitlich!

Da kommt man zu dem einfachen Schluss, dass Gott diesen Tieren diese Vorschriften macht. Diese Lebewesen können sich nicht anders verhalten, sie wollen es auch gar nicht.

Da wir Menschen aber nun mal nicht solche allgemeingültigen Verhaltensmuster haben, ist es nur logisch, dass es diese nicht für uns gibt.

Also wurden diese von den Menschen selbst erschaffen.

Wenn da jetzt eine Mehrheit die „richtige Art zu leben" praktiziert und die Minderheit die „falsche Art zu leben" befolgt, warum kann denn das nicht ohne Kritik geschehen? Sollen sie doch leben, wie sie wollen.

Aber da es nicht so ist, kann man einfach sagen, dass die Mehrheit die Minderheit unterdrückt! Der Stärkere versucht, den Schwächeren zu zwingen, seine Lebensweise zu praktizieren.

Da haben zwei Personen eine unterschiedliche Auffassung vom Leben oder davon, wie man dies und jenes handhabt. Anstatt dass nun jeder den anderen so sein lässt, wie er ist, weil er nun mal eine andere Erziehung hatte, beginnt man nun, den anderen so hinzubiegen zu wollen, wie man selbst ist. Das ist aber natürlich nicht zielführend. Erstens weißt Du ja selbst, dass Du es nicht magst, wenn jemand daher kommt, der Dein Verhalten kritisiert. Du wirst Dein Verhalten jetzt auch nicht ändern, nur weil der andere es so möchte. Und zweitens, selbst wenn Du es wolltest, würde es Dir vermutlich gar nicht gelingen. Die meisten Menschen sind noch nicht mal in der Lage, sich zu verändern, wenn sie es selbst wollen. Angenommen, da möchte eine Frau abnehmen, da weiß man, dass ihr das nur selten gelingt, obwohl es ihr Wunsch ist. Natürlich würde es ihr noch viel weniger gelingen, wenn es nicht ihr eigener Wunsch ist, sondern sie würde sich völlig in Ordnung finden, wie sie ist, es wäre nur der Wunsch eines anderen.

Damit möchte ich zum Ausdruck bringen, dass es völlig töricht ist, jemand anderen ändern zu wollen. Derjenige ändert sich sowieso nicht, also wozu dann Kritik?

Manchmal ist so eine Art „freiwilliger Autismus" ganz nützlich. Worin sollte der Sinn liegen, wenn ich meine Mitmenschen beobachte, um mich dann darüber zu ärgern, was sie tun? Also gucke ich erst gar nicht hin, was sie tun, es geht mich nichts an!

Versuche prinzipiell andere so sein zu lassen, wie sie sind, damit vermeidest Du unnötige Konflikte und erhältst Dir so Deinen Seelenfrieden. Mit ein klein wenig Übung ist das tatsächlich sehr einfach.

Auch bei ganzen Nationen und Völkern ist das so, auch sie könnten andere einfach so lassen wie sie sind. Sieh Dir die Schweiz an, eines der wohlhabendsten Länder unseres Planeten, eine der stabilsten

Volkswirtschaften der Welt, neutral in der Außenpolitik absolut demokratisch nach innen. Große Entscheidungen werden immer vom Volk getragen, so konnte im Mai 2014 in einer Volksabstimmung sogar ein Rüstungsprojekt gestoppt werden, das Volk stimmte gegen das drei Milliarden Franken teure Projekt zur Anschaffung neuer Kampfjets. In der Außenpolitik gibt es keine Kritik an anderen Nationen und schon gar keinen Eingriff in die inneren Angelegenheiten dieser Länder.

Es muss keine Konflikte geben, lass andere, wie sie sind, kümmere Dich um Dein eigenes Wohlergehen!

Ihr müsst alle so sein wie wir!

Denn wir sind die Guten!

Weltweit wird dieses Modell praktiziert, die Eltern glauben, dass sie die absolute Wahrheit über das Leben kennen und wollen nun ihre Kinder dahingehend beeinflussen, genau solche Menschen wie sie selbst zu werden. Die Kinder sind noch nicht so sehr geprägt, deswegen können sie das Leben der Eltern aus einer völlig anderen Perspektive sehen. Meistens wollen sie auf gar keinen Fall so werden wie ihre Eltern. Oftmals empfinden sie sogar Abscheu vor dem Leben, das die Eltern und Verwandten führen. Aber die Älteren tun ihr Bestes, den Kindern die Richtigkeit ihrer Prägung zu vermitteln und ihnen dieses Verhalten damit gnadenlos aufzudrücken.

Sicher kennst auch Du Sprüche wie:

Nun nimm doch endlich Vernunft an!

Was impliziert, dass man vernünftig ist, wenn man so handelt, wie sie es wollen!

Komm doch endlich zur Besinnung!

Was einschließt, dass sie ohne Besinnung sind, weil sie anders handeln wollen, als es die Eltern empfehlen!

Lass endlich diese Dummheiten!

Womit sie einem sagen wollen, dass es Intelligenz erfordert, so zu handeln wie sie selbst!

Sei doch nicht immer so trotzig!

Was von vornherein beinhaltet, dass Deine Meinung falsch ist.

Sei nicht immer so stur!

Das Wort Sturheit wurde nur dazu erfunden, um jemanden zu kritisieren, weil er seine eigene Meinung besser findet als eine fremde Anschauung.

Viele Eltern fordern von ihren Kindern blinden Gehorsam ein und wollen mit allen Mitteln erreichen, dass der Nachwuchs ihre Weltsicht übernimmt, obwohl sie selbst nicht in der Lage sind, ihr eigenes Leben glückbringend zu gestalten!

Wir waren alle mal Kinder und wissen, wie lästig es ist, wenn Eltern uns mit völlig sinnlosen Dingen auf die Nerven gehen, dass wir z. B. etwas nicht tun sollen, nur weil es bei ihnen vor 30 Jahren so etwas noch nicht gab.

Und wie es im Kleinen ist, so überträgt es sich auch auf das Große, das ist logisch, denn das Große besteht aus dem Kleinen. Ein Staat ist auch nichts anderes als eine Ansammlung vieler Familien.

Und genauso ist es in der Politik, auch da hat jedes Land, jede Menschengruppe andere Befindlichkeiten. So wie andere Familien andere Prägungen haben, haben auch andere Völker andere Vorstellungen von Richtig und Falsch!

Aber warum glauben immer viele, dass ihre Meinung die einzig wahre ist?

Eigentlich ist es doch völlig logisch, dass nicht alle Menschen die gleiche Meinung zu allen Dingen haben können, dann wäre uns jeglicher Fortschritt von Anfang an verwehrt.

Es sind Massengewohnheiten. Und deswegen finde ich es immer etwas beschämend, wenn ein westlicher Politiker nach China reist oder nach Russland, dass es ja schon seine Pflicht zu sein scheint, dort die Menschenrechte anzusprechen.
Stellt Euch vor, der oberste Schweizer kommt in die USA, nach Frankreich oder nach Deutschland und erzählt den dort gerade Regierenden, dass sie doch nun mal bitte endlich eine direkte Demokratie einführen sollen, um das Volk an wichtigen Entscheidungen zu beteiligen, oder der oberste Holländer, der bei seinem Staatsbesuch kritisiert, dass Menschen drangsaliert oder eingesperrt werden, weil sie Marihuana auf dem Balkon anpflanzen und konsumieren.
Ich denke, die angesprochenen Staatschefs würden es sich höflich, aber bestimmt verbitten, dass sich jemand in die inneren Angelegenheiten ihres Landes einmischt. Und damit hätten sie selbstverständlich recht!
Du solltest verstehen, dass das lediglich Meinungen sind; jeder glaubt von sich und seinesgleichen, dass sie die Guten wären.
Deswegen relativieren auch alle Menschen, das macht jeder so! Das ist unbewusst und man kann es nicht beeinflussen! Auch Du tust das. Wenn jemand etwas nicht so Schönes tut, werden Menschen, die diese Person lieben, das Ganze verharmlosen: *Na, so schlimm war es doch nicht!* Sie werden Entschuldigungen hervorbringen wie: *Was hätte er in dieser Situation auch anderes tun sollen!* Oder: *Die Umstände waren nun mal ungünstig* ... Menschen, die ihn nicht

mögen, werden es nun genau andersherum sehen und diese Person aufs Schärfste verurteilen und harte Bestrafungen fordern.
Selbst wenn derjenige, dem jemand mit Abneigung gegenübersteht, etwas nachweislich sehr Gutes tut, wird jener von Berechnung reden; macht das Objekt seines Lobes Dinge, die bewiesenermaßen anderen Schaden zufügen, wird derjenige von einem Ausrutscher sprechen.
Andere Menschen haben eben andere Lebensentwürfe, aber das gilt auch, wenn jemand beschließt, für seine Religion in ein fremdes Land in den Krieg zu ziehen oder wenn jemand eine kriminelle Karriere einschlägt. Wenn ein Mensch das tut, so ist das seine Entscheidung, die er aufgrund der Prägung seines Unterbewusstseins trifft. Wenn Du etwas dagegen hast, dann nur deshalb, weil Du anders geformt wurdest. Wäre Dein Vater ein großer Taliban-Krieger oder ein Mafia-Pate, so würdest Du die eben genannten Entscheidungen nicht nur als normal empfinden, Du würdest sie sogar begrüßen!
Wenn Du nun der Meinung bist, diese Leute „sind falsch" und müssen nun auf den richtigen Weg gebracht werden, dann ist das wie im totalitären Kommunismus, wo es Umerziehungslager gab, um „falsche" Menschen zu „richtigen" Personen zu erziehen. Vielleicht ist der Vergleich etwas hart, aber dennoch verdeutlicht er eindrucksvoll, was viele Menschen denken: *Nur wenn Ihr so seid wie wir, erst dann seid Ihr richtig!*
Wenn sie nicht so sein wollen wie Du, dann müssen sie halt bestraft werden!

Aber genau das ist nur eine Meinung. Wir sollten alle erkennen, dass wir eine Vielfalt auf dieser Welt haben und dass man nicht alles gut finden muss, was andere tun.
Dein Gegenüber muss eben nicht so sein, dass es Dir gefällt, er sollte so sein, dass es ihm selbst gefällt. Das ist doch bei Dir genauso, Du richtest doch Dein Wesen und Deine Gedanken und Handlungen nicht danach aus, damit es irgendwer gut findet. Nach wem solltest Du Dich denn auch richten? Nach der Regierung? Lebst Du nun so, dass es Deinem Bürgermeister besonders gut gefällt, oder so, dass es der Geistliche Deiner Gemeinde mag? Deine Eltern? Eine bestimmte Partei? Eine Interessengemeinschaft? Deinem Nachbarn? Es wäre gar nicht möglich, sich nach all diesen entgegengesetzten Befindlichkeiten zu richten. Aber selbst wenn Du es versuchen würdest, dann wäre es nicht mehr wirklich Dein Leben, Du würdest gelebt werden, würdest Dich in alle Richtungen verbiegen und verdrehen und hättest eigentlich gar keine Persönlichkeit mehr. Also gestalte Dein Leben so, wie Du es für richtig befindest, natürlich ohne die Rechte anderer zu verletzen. Aber sei auch bitte nicht so arrogant, nun zu glauben, dass Dein Lebensentwurf der einzig richtige ist und Du nun Deine Mitmenschen dazu überreden oder mit Überzeugungskraft, Sanktionen oder gar Gewalt dazu bringen musst, ihr Leben genauso zu gestalten wie Du. Man muss nicht an dasselbe glauben, um sich zu respektieren.

Deine Prägung

Was ich hier als Prägung bezeichne, könnte man auch als den Inhalt Deines Unterbewusstseins charakterisieren oder als die Konditionierung dessen. Auch könnte man sagen, dass es sich dabei um Deine Glaubenssätze handelt oder um Deine Programmierung oder einfach um Deine Normalität. Aber egal wie man es bezeichnet, genau genommen bist das Du! Ja, Du bist genau das: die Summe Deiner Prägungen!

Wir alle wurden in der Kindheit geprägt, wir waren noch völlig offen, hatten ein völlig unbeschriebenes Unterbewusstsein. Ja, als Baby hast Du einfach in die Windeln gemacht. Als Du älter wurdest, hat Dir Deine Mutter in akribischer Kleinarbeit beigebracht, dass Du auf den Topf, später auf die Toilette gehen musst. Das hat eine Weile gedauert, bis Du das verstanden hast, aber als Du so weit warst, als dieses Verhalten tief in Deinem Unterbewusstsein verankert war, war es für Dich das Selbstverständlichste von der Welt. Es ist zu einer Prägung geworden, zu einer Normalität, die Du niemals hinterfragen würdest. Selbstverständlich geht man auf die Toilette und macht nicht einfach in die Hosen! Das Gleiche passierte zuvor schon, als Du laufen lerntest. Immer und immer wieder bist Du gefallen, bis es dann irgendwann für Dich völlig normal war, Dich auf zwei Beinen fortzubewegen.

Nun ist es zweifellos vorteilhaft zu erkennen, dass eine Konditionierung natürlich nicht nur beim aufrechten Gang oder der Toilettennutzung geschaffen wurde, sondern bei unzähligen Dingen. Zum Beispiel bei der Ernährung: Natürlich wird ein Mensch, der in China aufwächst, eine völlig andere Programmierung bezüglich seiner Ernährung haben als einer, der in den USA oder Frankreich groß geworden ist – bei den Essgewohnheiten ist das sehr einfach zu erkennen, aber wenn wir weiter gucken, sehen wir es auch. Nehmen wir die Religion; auch wenn in der westlichen Welt die Religion nicht mehr so stark verankert ist, durchzieht sie das gesamte Leben. Die Menschen feiern Weihnachten, Ostern, haben christliche Werte von Gut und Böse verinnerlicht. In anderen Kulturkreisen haben sie andere religiöse Feste, Bräuche und auch Sitten und Werte. Wichtig ist zu erkennen, dass jedermanns Gewohnheiten seiner tiefen Konditionierung entsprechen! Jeder glaubt, dass seine Sitten und Gebräuche gut sind! Genauso wie es jeder als normal empfindet, auf die Toilette zu gehen!

Deine Prägung umfasst jeden Bereich in Deinem Leben. Zu jedem Thema dieser Welt hast Du eine Meinung, gut, schlecht, richtig, falsch, ist mir egal, finde ich blöd, schmeckt mir nicht, finde ich hässlich, finde ich unfair, finde ich gerecht usw. Diese Liste kannst Du unendlich fortführen. Selbst wenn Du zu irgendeinem Thema gar keine Meinung hast, so hast Du dennoch die Meinung, dass es für Dich nicht interessant genug ist, um darüber eine Meinung zu besitzen, es interessiert Dich eben nicht! Aber auch Desinteresse ist eine Meinung.

Im Grunde ist Deine Prägung die Gesamtsumme aller Gedanken, die Du jemals gedacht hast. Das wahre Fundament bilden aber die Gedanken, die Du nicht gedacht hast! Das sind die, die Dir Deine Eltern schon eingetrichtert haben, bevor Du überhaupt bewusst denken konntest. So wie eben mit dem Gang zur Toilette. So haben sie Dir in allen anderen Bereichen eine Weltsicht vermittelt. Auf dieser Grundlage baut alles andere auf. Auch wenn Du mit zwölf Jahren eigene Gedanken denkst, sind diese von diesem Fundament gefärbt. Wenn z. B. ein Kind in einer streng muslimischen Familie in Pakistan aufwächst, werden seine Gedanken eine völlig andere Struktur haben als bei einem gleichaltrigen Kind, das in einer nicht religiösen Familie in Japan groß geworden ist. Das, was der eine als gut ansieht, sieht der andere als Sünde. Wo der eine glaubt, es sei nur gerecht, sieht der andere ein Kapitalverbrechen.

Es ist wirklich wichtig, dass das verstanden wird, dass es sich dabei in beiden Fällen lediglich um eine Meinung handelt. Natürlich kann jetzt jeder glaubhafte „Wahrheiten" anführen, dass seine Meinung die richtige ist, aber das kann weltweit jeder Mensch zu jeder Meinung tun. Selbst bei Dingen, die für Dich vollkommen aberwitzig sind, Dinge, die Du im Traum niemals machen würdest, werden von demjenigen, der sie macht, als richtig oder zumindest notwendig angesehen, und er kann Dir – aus seiner Sicht der Dinge – logische Argumente dafür nennen.

Nun gilt es zu erkennen, dass keiner von beiden recht hat oder auch dass beide recht haben. Ich weiß, dass kann eine ganz schöne Herausforderung sein, aber sei doch mal ehrlich, wenn jemand zu Dir kommt und Dich und Dein Verhalten verachtet und nun fordert, dass Du bestraft wirst für Dinge, die Du als völlig normal einstufst, dann wirst Du vermutlich denken: *Der kann mich mal!* Du wirst denken, dass der andere eine verkorkste Ideologie hat, dass er nicht richtig tickt, dass er zu dumm ist zu verstehen usw. Aber dasselbe denkt der andere nun mal von Dir, wenn Du Handlungen oder Gedanken von ihm tadelst. Es gibt kein Richtig oder Falsch, dem alle Menschen auf dieser Welt 100prozentig zustimmen würden. Es gab auch Kulturkreise, in denen Menschen geopfert wurden. Diese Leute dort hielten das für richtig und gerechtfertigt, es entsprach ihrer Meinung.

Im Grunde setzt diese Prägung eine selektive Wahrnehmung in Gang. Das, was Deiner Konditionierung entspricht, ist erst mal richtig. Was Deiner Meinung zuwiderläuft, wird erst mal mit Skepsis betrachtet. Das wird selbst getan, wenn es unbequem ist. Angenommen jemand ist in Armut aufgewachsen und viele Jahre später immer noch finanziell benachteiligt, so wird er das verteidigen, er wird Dir Gründe nennen, warum das so ist, warum er keine Chance hat, das zu ändern. Er sieht durch seine selektive Wahrnehmung nur die Argumente, die ihn weiter arm sein lassen. Andere Sichtweisen, mit denen er in der Lage wäre, neue Pfade zu beschreiten, die ihn aus der Armut befreien könnten, wird er von

vornherein negieren und als falsch entlarven, weil sie einfach seiner Prägung zuwiderlaufen.
In Teilen Asiens essen sie Hunde, das würde wohl in vielen anderen Ländern kaum jemandem einfallen.
Man könnte unzählige Beispiele nennen, dass andere Menschen aus anderen Regionen anders handeln, als Du es für richtig erachtest.
Aber nun hat das nicht nur mit der Gegend zu tun, sondern auch ganz individuell mit der Familie, in der Du aufgewachsen bist.
So wie dort gekocht wird, wirst Du es mögen, „bei Muttern schmeckt es immer am besten“, jeder kennt diese Aussage. Aber warum? Weil es Dich geprägt hat!
Wenn Deine Eltern sehr arbeitsam sind und Dir beibringen, dass es sich so gehört, und diejenigen, die nicht arbeiten, ja faul sind oder gar nur Schmarotzer, dann wirst Du mit hoher Wahrscheinlichkeit selbst viel schuften und Deinen Kindern das Gleiche beibringen und über Menschen, die nicht arbeiten, ebenso negativ denken.
Aber auch da muss man wieder anmerken, dass ja der, der viel arbeitet, dem, der wenig tätig ist, nicht moralisch überlegen ist, auch wenn er das glaubt. Der, der wenig arbeitet, könnte sich dem Werktätigen ja auch intellektuell überlegen fühlen. Sprüche wie: „Ich bin doch nicht blöd und rackere mich für andere ab“ sind wohl jedem geläufig.
Der eine fühlt sich jetzt moralisch überlegen, weil er arbeiten geht, der andere fühlt sich intellektuell überlegen, weil er es nicht tut. Beide fühlen sie sich überlegen, im Grunde sind sie gleich, zwei

„Nichts ist gut oder schlecht,
erst unsere Gedanken machen es dazu."
- William Shakespeare -

Menschen, die das tun, was sich für sie selbst gut anfühlt, weil es eben ihrer Meinung entspricht.
Es gibt an und für sich keine allgemeingültige Moral. Auch diese entspringt nur der jeweiligen Meinung. Was der eine als moralisch richtig bezeichnet, findet der andere einfach nur einfältig. Er fragt sich: *Warum tut der das? So dumm sieht er doch gar nicht aus!*
Jeder Mensch glaubt eben, dass das, was er tut, richtig oder zumindest notwendig ist. Selbst wenn mal jemand etwas tut, was er laut seiner eigenen Prägung als falsch betrachtet, wird es eben als richtig deklariert. Z. B. eine Frau betrügt ihren Mann, sie weiß, dass es eigentlich nicht richtig ist, was sie da tut. Aber wenn sie es ihrer Freundin erzählt, wird sie sich rechtfertigen. Sie wird ihr berichten, dass ihr Mann nicht mehr viel mit ihr redet und immer anderen Frauen nachschaut. Und schon macht sie aus ihrem eigenen falschen Benehmen ein richtiges oder zumindest ein angemessenes oder notwendiges Verhalten. Das ist auch gut so, viel besser, als würde sie sich übermäßig schuldig fühlen. Das ist ein Weg, den uns die Natur gab, um unser Seelenheil zu erhalten.
So wissen wir auch aus der christlichen Lehre, dass man nicht töten soll. Aber trotzdem schicken viele Staaten, wo die Staatschefs auf die Bibel schwören, ihre Soldaten in den Krieg. In einigen solcher Länder gibt es auch noch die Todesstrafe usw. Jede Tat, die ein Mensch ausführt, wird von ihm selbst und seinesgleichen als richtig eingestuft.

Das Gleiche kann man beobachten, wenn sich zwei Personen streiten, jeder glaubt sich im Recht. Klar, sonst würden sie ja nicht streiten. Aber nun versucht jeder, den anderen von <u>seiner</u> Wahrheit zu überzeugen. Nur ist das eben <u>seine</u> Wahrheit, die natürlich auf <u>seiner</u> Prägung beruht. Davon den anderen zu überzeugen, ist nun aber ziemlich unwahrscheinlich, weil der eben eine andere Konditionierung hat und ja nun mal <u>sein</u> Verhalten als das richtige betrachtet.

Die Programmierung des Unterbewusstseins eines Menschen ist schwer bezwingbar, man kann dem auch nicht mit logischen Argumenten entgegenwirken!

Vielleicht kommt Dir folgende Situation bekannt vor:

Mutter zum Kind: *Lass das bitte!*

Kind: *Warum?*

Mutter: *Das macht man nicht!*

Kind: *Warum nicht?*

Mutter: *Das gehört sich nicht!*

Kind: *Warum gehört sich das nicht?*

Mutter: *Das ist eben so!!*

Kind: *Warum???*

Mutter: (Aus Mangel an rationalen Argumenten) *Weil ich es sage!!!*

Und so tun Menschen Dinge oder unterlassen gewisse Handlungen oder tun Sachen auf bestimmte Art und Weise und wissen gar nicht warum. Sie tun es aus dem einzigen Grund, weil ihre Eltern es ebenfalls so taten. Nach einigen Generationen sagt man Tradition dazu! Dinge die man aus Tradition tut, werden nach ihrem Nutzen oder Sinn nicht mehr hinterfragt. Und so wirst auch Du Dinge handhaben, die Dir so nicht dienlich sind. Du tust es aber trotzdem, weil Du so geprägt wurdest. Wenn dann jemand zu Dir kommt und erklärt, dass es anders besser ist, wirst Du es verstehen, es erscheint Dir logisch, aber meist tust Du die Dinge dann in Zukunft trotzdem wie gehabt, weil es sich aufgrund der Prägung Deines Unterbewusstseins einfach richtiger anfühlt!

Auch Deine Intelligenz ist Deiner Konditionierung unterworfen, Dinge, die Du tust, werden Dir als logisch erscheinen, Du wirst von gesundem Menschenverstand reden. Ein Mensch, der völlig anders erzogen wurde, redet ebenfalls von gesundem Menschenverstand und tut das Entgegengesetzte von Dir.

Deswegen ist es wichtig zu erkennen, dass wir unsere Prägung verändern müssen, damit sich unsere Handlungen im Anschluss von selbst korrigieren.

Fast jeder Autofahrer weltweit weiß, wie viel PS sein Auto hat. Es ist wirklich schon fast lächerlich, dass Menschen, im Zeitalter von Raumfahrt und weltweiter Computervernetzung, immer noch die Angabe von Pferdestärken der Kilowattzahl vorziehen. Wann hast Du das letzte Mal in der entwickelten Zivilisation gesehen, dass Dinge mit Pferdekutschen transportiert werden? Damals war die Berechnung in Pferdestärken ein logischer Schritt, jeder Mensch konnte damit etwas anfangen, wusste, dass es Kutschen mit z. B. zwei oder vier Pferden gab. Aber heute? Es wird einfach so weiter-

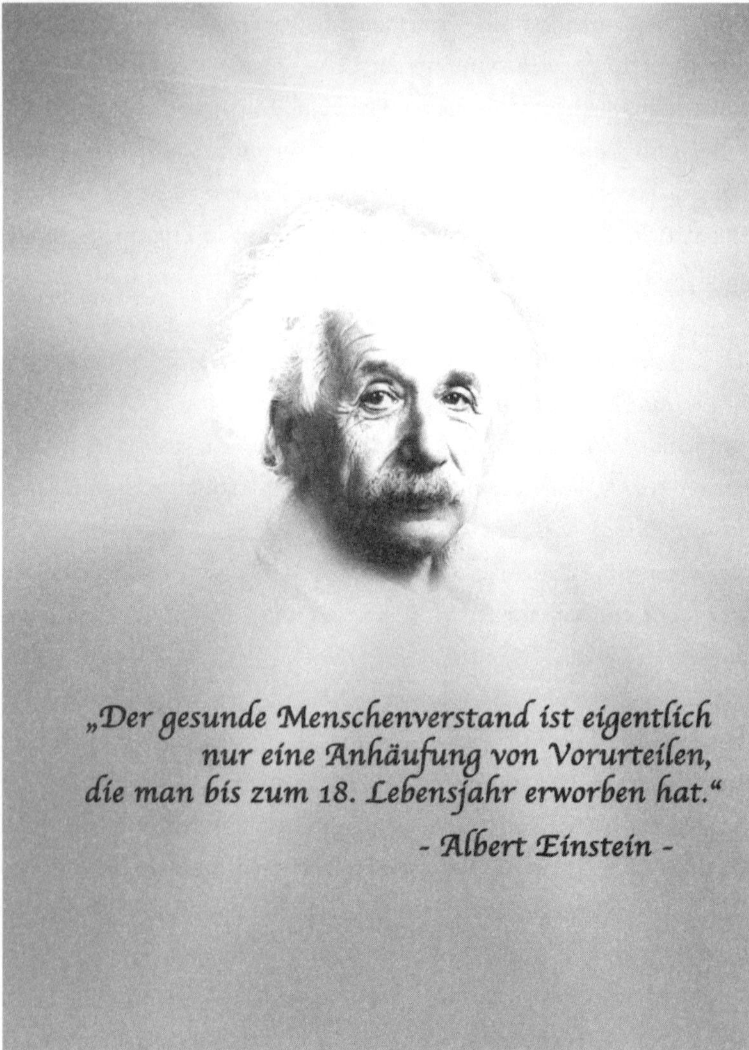
„Der gesunde Menschenverstand ist eigentlich
nur eine Anhäufung von Vorurteilen,
die man bis zum 18. Lebensjahr erworben hat.“
- Albert Einstein -

gereicht, der Sohn lernt es vom Vater, dagegen kommt Logik nicht an. Genauso werden eben auch andere, schon lange überholte Ansichten weitergereicht! Viele glauben an Geister, Vampire und vieles mehr. Das sind „Erfindungen“ aus grauen Vorzeiten, als die Wissenschaft noch in den Kinderschuhen steckte. Religionen, Sitten, Bräuche, Traditionen, Omas Hausrezept gegen Krankheit usw. – nichts von dem hält nüchternem, wissenschaftlichem Nachdenken stand.

Ich möchte jetzt hier aber auch niemanden in seinem Glauben bekehren. Wenn jemand an unlogische Dinge glauben möchte, so ist das selbstverständlich sein freier Wille! Ich will damit lediglich vor Augen führen, wie mächtig eine Prägung ist. Wenn Menschen bei Dingen, die ja ihr Leben sogar verbessern könnten, nicht bereit sind, ihre Erziehung zu hinterfragen, um wie viel unwahrscheinlicher ist es erst, dass sie eine Konditionierung überprüfen, die ihnen ein gewisses Zugehörigkeitsgefühl vermittelt, wie z. B. eine Religion, Tradition oder auch Nationalismus oder Sexismus?

Man kann Menschen nicht von ihrer Prägung abbringen! Auch ich bin früher diesem Trugschluss aufgesessen, ich wollte andere Leute mit allen Mitteln von meiner Meinung überzeugen! Es ist sinnlos und nichts weiter außer Zeit- und Energieverschwendung. Warum sollte denn auch ein Mensch seine Meinung ändern? Nenne mir doch mal auch nur ein logisches Argument, warum irgendjemand auf dieser Welt seine eigene Meinung ablegen und die Meinung eines anderen annehmen sollte?

Wir alle würden es in gewissem Maße begrüßen, wenn andere Menschen unsere Meinung übernehmen würden, aber wer gibt schon gerne seine Meinung ab?
Aber warum wollen wir das eigentlich? Warum will ein Mann, dass andere Männer seiner Meinung sind? Er will es, weil er sich dann besser fühlt. Es ist sozusagen eine Bestätigung seiner Intelligenz, es ist die Bestätigung, dass er gut ist, dass er besser ist als die anderen. Es bestätigt ihn als Leitwolf, Platzhirsch oder Alpha-Tier, je nachdem welches Wort ihm besser gefällt.
Aber warum braucht er das? Er braucht das, weil er mangelndes Selbstbewusstsein hat. Dieser Mangel kann zum Teil kompensiert werden, indem andere Menschen seiner Meinung folgen!
Er weiß natürlich gar nicht, dass er mangelndes Selbstwertgefühl hat, vor seinen Kumpels dreht er fürchterlich auf, erzählt ihnen in einem fort, wie gut er ist, was für ein toller Hecht er sei, was er alles kann! Aber gerade dass er es ihnen erzählt, zeigt uns auf, dass er nicht besonders von sich selbst überzeugt ist, denn dann bräuchte er es ihnen nicht erzählen. Auch dieses mangelnde Selbstbewusstsein ist natürlich nur eine Prägung. Das hatten wir ja schon vorhin, jedem Kind wird unzählige Male am Tag eingeredet, dass es nichts wert sei, seine Meinung nicht von Interesse ist! Dadurch trägt wohl jeder Mensch auf dieser Welt ziemlich viele Gedanken und Konzepte in sich herum, die beweisen, dass er selbst nicht so wichtig ist, nicht so viel wert ist wie der andere. Bestimmt kennst auch Du Sprüche wie: *Es geht doch nicht immer nur um Dich!* Viele Eltern sind auch

besonders gut darin, ihrem Nachwuchs andere Kinder als leuchtendes Beispiel vorzuhalten! Ich glaube, sie wissen gar nicht, mit welcher Wucht sie das Selbstbild dieses Kindes zerstören: *Guck Dir mal den Sohn von Frau Müller an, der macht immer seine Hausaufgaben, hat nur gute Noten in der Schule und räumt immer sein Zimmer auf.* Das kommt natürlich nicht als Ansporn an, sondern eher als: *Meine eigene Mutter findet den Sohn von Frau Müller liebenswerter als mich!*

Warum sollte es auch ein Ansporn sein, wenn der eigene Junge den Sohn von Frau Müller extrem uncool findet?

Stell Dir vor, ein Ehepartner schwärmt so von einem anderen Mann oder einer anderen Frau; ich könnte mir vorstellen, dass das den Partner zutiefst verletzt! Nun kann sich der kleine Junge aber nun mal nicht von seiner Mutter scheiden lassen. Vielleicht sollte man das ja mal in ein Selbstverständnis einer Demokratie mit einführen, dass ein Kind das Recht bekommt, die Scheidung von seiner Mutter oder seinem Vater oder beiden einzureichen.

Aber das nur am Rande, wie schon erwähnt, ist das kein Buch, um Erziehungstipps zu geben, sondern eines, das Dir aufzeigt, wie Du Dein Leben verbessern kannst, trotz der Erziehung, die Du genossen hast.

Unsere Programmierung ist also eine sehr mächtige Angelegenheit, die in großen Stücken bestimmt, wie unser Leben verläuft.

Die Prägung, da sie das Fundament aller Gedanken darstellt, ist nur sehr schwer zu verändern. Wenn jemand z. B. einen Dialekt spricht oder einen Akzent, dann ist es sehr schwer bis unmöglich, diesen abzulegen. So ist es mit jeder Gewohnheit, umso länger wir diese haben, umso schwerer wird es, sie wieder loszuwerden.

Nun wird der eine oder andere fragen, warum wir denn auch unsere Konditionierung ablegen sollten, aber dafür gibt es vielfältige Gründe. Schließlich ist ja nicht alles, was wir vermittelt bekamen, gut. Es ist ja nicht nur damit gemeint, was uns die Eltern bewusst beibringen wollten, denn damit sind sie ja oft gescheitert. Viel schwerer wiegt, was die Eltern uns vorgelebt haben, und das ist mit Sicherheit nicht immer zielführend.

Eigentlich ist das logisch, für jedes Kind sind die Eltern unbewusst sehr mächtige Menschen, schließlich hängt ja das Überleben des Kindes von den Eltern ab. Die Mutter ist für den kleinen Jungen die wichtigste Frau der Welt, der Vater der mächtigste Mann dieses Planeten. Natürlich wird allem, was sie tun, völlig unbewusst vom kleinen Kinde der Stempel „RICHTIG!“ aufgedrückt. Logisch, wenn die beiden klügsten und mächtigsten Menschen der Welt etwas tun, dann kann es nur richtig sein!

Und so übernehmen wir ungefragt, ohne zu beurteilen, eben auch negative Handlungsweisen wie starken Alkoholkonsum, übermäßige Kritik oder andere, eher hinderliche Verhaltensweisen von den Eltern.

Da können diese noch so oft sagen: *Mach Du es später besser!* Das ist meist völlig sinnlos. Kinder werden durch das Vorleben geprägt.

Nimm ein Baby aus einer Familie in Deutschland und lasse dieses in einem Dorf der Taliban in Afghanistan aufwachsen. Dieser Junge wird die Speisen, die dort Normalität sind, lieben, dieses Kind wird gelernt haben, Ungläubige zu verachten, Frauen zu unterdrücken und unter recht primitiven Verhältnissen zu leben. Das ist für dieses Kind völlig normal, es ist Stück für Stück so in sein Unterbewusstsein gesickert. Das ist seine Weltanschauung, die es mit seinem Leben verteidigen wird. Es wird später niemals Alkohol trinken und niemals Schweinefleisch essen. Nimm ein Baby aus einem Dorf in Afghanistan und bringe es nach Deutschland in eine christliche Familie. Dieses Kind wird gerne mal Bouletten essen oder Schweineschnitzel, später auch mal mehr oder weniger Alkohol trinken. Es wird ein Auto fahren, einen PC besitzen und in einem ziemlich hochtechnisierten Land leben und diesen Standard sowie die Demokratie als völlig normal empfinden. Wenn seine Eltern Arbeiter sind, wird es mit hoher Wahrscheinlichkeit auch Arbeiter werden, sind diese Akademiker, wird es vermutlich auch studieren. Rauchen die Eltern, ist die Wahrscheinlichkeit, dass es später selbst raucht, wesentlich höher, als würden die Eltern nicht rauchen. Sind die Eltern übergewichtig, wird es mit ziemlicher Wahrscheinlichkeit auch zum Übergewicht neigen. Wenn die Eltern drei Kinder haben, ist die Wahrscheinlichkeit hoch, dass es auch drei Kinder haben möchte. Sind die Eltern in seiner Kindheit oft umgezogen, wird es später vermutlich auch oft umziehen. Haben sich die Eltern scheiden lassen, ist die Tendenz bei ihm als Erwachsener wesentlich ausgeprägter, sich selbst scheiden zu lassen, als wenn seine Eltern bis zum Tode zusammen waren. Diese Liste kann man nun unendlich fortsetzen und kommt zu der fulminanten Erkenntnis, dass das gesamte Verhalten eines Menschen eine Sache der Prägung ist. Derjenige wird es aber gar nicht als Konditionierung erkennen, er wird Dir glaubhafte, logische Argumente nennen, warum er etwas tut oder nicht. Weil da einfach kein Zusammenhang hergestellt wird zwischen dem Verhalten der Eltern und seinem eigenen Benehmen 30 Jahre später. Er weiß also gar nicht, dass er nur deshalb schon zum dritten Male umzieht, weil seine Eltern das auch so gemacht haben, als er klein war. Er wird es Dir begründen mit geringerer Miete, besserer Verkehrsanbindung oder dergleichen.

Meine Eltern sind nach ihrer Scheidung, als ich ca. neun Jahre alt war, auseinandergezogen. Kurze Zeit später zog mein Vater wieder ein. Vielleicht ein halbes Jahr später zog er wieder aus, das ging noch ein paar Mal so hin und her, bis es dann endgültig vorbei war. Ein großer Teil Deiner Prägung entsteht durch Beobachtung. Ich habe das als kleiner Junge so beobachtet, was die beiden wichtigsten Menschen in meinem Leben so tun, und habe es unbewusst so übernommen, ohne es jemals hinterfragt zu haben. Auch ich habe später als Erwachsener genau so gehandelt. Nicht etwa weil ich dachte, dass man das so handhaben muss, sondern völlig unbewusst. Wenn ich mich von einer Partnerin getrennt hatte, dann verspürte ich kurze Zeit später das unwiderstehliche Gefühl, dass diese Trennung ein Fehler war, und ich bemühte mich wieder um diese

Frau. Kaum waren wir dann wieder zusammen, hatte ich das Gespür, dass dieses erneute Zusammenkommen ein Fehler war, und kurze Zeit später trennte ich mich erneut. Angenommen ich habe kurz nach Trennung Nr. 1 eine andere, wirklich fantastische Frau kennengelernt, dann trennte ich mich schnell von dieser, meiner neuen, guten Eroberung, um wieder zu meiner Ex zurückgehen zu können.

Erst das Praktizieren des VIS-FOR-LO® Lifestyles löste solche negativen Verhaltensmuster auf.

Den größten Teil unseres Habitus haben wir einfach nur geerbt, ohne es wirklich zu wissen, oft kann man beobachten, dass Kinder sogar den körperlichen Gang, bestimmte Gesten oder Grimassen einfach von ihren Eltern kopieren. Auch andere Dinge, wie z. B. häufiger Partnerwechsel oder häufiger Wechsel des Arbeitgebers, können durchaus nur ein „ererbtes" Verhaltensmuster sein. Ich habe auch erst später, als ich mich mit den Lebensgesetzen befasste, gemerkt, dass ich viele Muster einfach unbewusst übernommen hatte. Erst durch dieses Erkennen wurde ich in die Lage versetzt, mein Leben selbstbestimmter zu gestalten, indem ich diese alten Verhaltensmuster, die mir nur geschadet haben, einfach nach und nach auflösen konnte!

Betonen möchte ich, dass ein bewusstes Ablegen von solchen Programmierungen nicht möglich ist. Da ist mit Willenskraft einfach nichts zu machen! Selbst wenn Du erkennst, dass es nur Gewohnheiten sind, die Dir schaden, kannst Du diese dennoch nicht auf Bestellung abstreifen. Sicher kennst Du das auch von Dir selbst oder Menschen in Deiner Umgebung, dass sie einfach nicht in der Lage sind, ein paar Kilo abzunehmen, mit dem Rauchen aufzuhören oder sich von anderen Verhaltensweisen wie Streit- oder Kritiksucht zu trennen.

Aber ich weiß aus Erfahrung, dass das kontinuierliche, ausdauernde praktizieren des VIS-FOR-LO® Lifestyles Dich dauerhaft von allen negativen Mustern befreien wird. Dann wird Dein Leben von Tag zu Tag besser, Du wirst liebevoller, fröhlicher – alles wird irgendwie einfacher und leichter!

Alles, was ich jemals in meinem Leben getan habe ...

... war gut, richtig und zu diesem Zeitpunkt nicht anders zu machen! Ich weiß, dass ist für viele Menschen nicht akzeptabel, klingt nach totaler Egozentrik, nach Wunschdenken oder einfach nach völliger Losgelöstheit von der Realität.

Aber ich möchte Dich heute mal dazu ermutigen, genauer darüber nachzudenken. Und zwar zuerst aus der eigenen Perspektive.

Also begebe Dich jetzt mal geistig zu einer Handlung aus Deiner Vergangenheit, die Du aus heutiger Sicht als falsch betrachtest.

Nun blickst Du zurück und denkst: *Ich hätte es damals anders machen sollen ...*

Aber nun versuche, Dich mal genau zu erinnern.

Konntest Du es überhaupt anders machen?

Ich war zwar nicht dabei, aber ich behaupte einmal ganz ungeniert, dass Du es eben nicht anders machen konntest! Es war Dir nicht möglich, weil Du so, wie Du es getan hast, auf der damaligen Basis Deiner Gedanken und Deines Erfahrungsschatzes das, was Du getan hast, als gut, richtig oder zumindest notwendig erachtet hast!

Du warst einfach nicht in der Lage, anders zu handeln!

Ich weiß, es klingt alles sehr verwirrend, weil die Menschen Dir schon Dein ganzes Leben etwas anderes erzählen, Deine Eltern, Deine Lehrer, die Medien – jeden Tag hörst Du nun schon, dass Personen falsch handeln! Dennoch, wenn Du entspannt darüber nachdenkst, wirst Du mir Recht geben müssen, die Logik ist auf

meiner Seite. Wenn Du diese Erkenntnis annimmst, wird Dein Leben immer besser, weil Du Dich von der verheerend schlechten Angewohnheit der Verurteilung und Selbstverdammung freimachst!
Am besten können wir die Wahrheit meiner These überprüfen, indem wir an einen Zeitpunkt zurückgehen, an dem Du einmal zu spät gekommen bist.
Das ist einfach und so ziemlich allgemeingültig, weil ja wohl jeder Mensch schon irgendwann einmal zu spät gekommen ist.
Angenommen Du warst mit einem Bekannten verabredet, Du hast Dich fertig gemacht, hast auch auf die Uhr geschaut und festgestellt, dass Du ja noch etwas Zeit hast. In dieser Zeit hast Du dann noch irgendetwas getan. Als Du dann los gefahren bist, stelltest Du fest, dass Du es nicht mehr schaffen kannst.
Nun könntest Du Dir selbst Vorwürfe machen und sagen: *Ich hätte eher losfahren sollen!* Aber sei doch mal ganz ehrlich, als Du auf die Uhr geschaut hast, da hast Du gedacht, dass Du noch genügend Zeit hast! Du kannst doch nicht im Nachhinein die Gedanken Deiner Vergangenheit ändern!
Du dachtest, Du hättest noch Zeit!
Du solltest dringend erkennen, dass das eben so war! Es ist wirklich reichlich einfältig zu sagen: *Ich hätte mal lieber ...*
Du hast es in diesem Augenblick als gut und richtig empfunden, noch nicht loszufahren! Aus diesem Grund konntest Du nicht anders handeln! Sicher kennst Du auch zu anderen Themen Sprüche wie: *Der hätte doch auch mal daran denken können ...*

Hast Du Dir die Unlogik dieser Aussage schon mal auf der Zunge zergehen lassen? Wie soll er das machen, an etwas denken, wenn er eben gerade nicht daran denkt?

In dem Moment, in dem ein Mensch sagt: *Ich mach das jetzt einfach so!*, hat er nicht die Chance, es anders zu machen.

Um ein weiteres Beispiel zu nennen: Angenommen Du bist in der Gaststätte, bestellst Dir ein Gericht Deiner Wahl, aber es schmeckt Dir nicht so gut, wie Du es erwartet hast, und nun sagst Du enttäuscht: *Hätte ich doch bloß das Tagesgericht genommen!* Erkennst Du die Unsinnigkeit dieses Seufzers?

Du hast Dich für Deine Speise entschieden, weil Du es in diesem Moment für richtig gehalten hast, es war deshalb die einzige Handlung, zu der Du fähig warst! Es war richtig!

Und genauso kannst Du jetzt in jede beliebige Situation Deines Lebens gehen! Auch hin zu Umständen, wo Du Dich heute noch für Deine Handlung von damals schämst. Du hast es getan, weil Du es in dieser Sekunde für die richtige Entscheidung gehalten hast, sonst hättest Du es nicht getan!

Das gilt sogar für Handlungen, wo Du verbale Gewalt auf jemand anderen ausgeübt hast. Sogar für körperliche Züchtigung hat das seine Gültigkeit!

Du hast es in diesem Augenblick für die richtige Wahl gehalten. Kann sein, dass es Dir wenige Sekunden später schon wieder leid tat, aber eigentlich nur, weil Du die Folgen Deiner Handlung betrachtet hast!

Tu das, so oft Du willst, gehe in Deine Vergangenheit und denke Dich zurück in Situationen; wenn Du wirklich ehrlich zu Dir selbst bist, wenn Du Dich bemühst, alte Klischees abzulegen, wenn Du versuchst, frei von fremden Meinungen, einfach nur unvoreingenommen zu denken, dann wirst Du feststellen, dass Du in keiner Situation Deines Lebens die Dinge anders handhaben konntest, als Du es getan hast!

Jeder, der das bestreitet, hängt in irgendwelchen Gedankenmustern fest, die keine Objektivität zulassen, in Vorurteilen durch Erziehung und Programmierung.

Auch eine Handlung aus Reflex oder aus dem Affekt konntest Du nicht anders handhaben, weil diese einfach auf der Grundlage Deiner Prägung ausgeführt wurden.

Und deswegen ist jetzt auch nicht ein Mensch besser oder schlechter als ein anderer, jeder tat, was er für richtig befand. Mag der eine dafür mehr Zustimmung ernten als ein anderer oder mehr kritisiert werden, so sind diese Bekundungen dennoch nur der Ausdruck einer Meinung. Eine Anschauung wird ja nicht dadurch richtiger, weil mehr Menschen sie teilen. Auch die vorsätzliche Tötung von gewissen Menschen hat ja bekanntlich große Zustimmung in der Bevölkerung.

Und so findet sich selbst auch jeder Mensch in seiner Meinung berechtigt, egal welche Anschauung er vertritt. Jeder führt Dir gute Gründe an, warum er denn diese und keine andere Ansicht vertritt.

Das gilt auch für Zeitgenossen, die von vielen ihrer Mitmenschen eher schlecht beurteilt werden. Sie erklären Dir – aus ihrer Perspektive glaubhaft –, dass man sich z. B. nichts gefallen lassen darf und um sein Recht kämpfen muss, notfalls mit Gewalt.

Natürlich, die ganze Welt ist übersät von Kritik bis zum Gehtnichtmehr!

Täglich hörst Du diesen Unsinn wie: *Der hätte besser mal* ... oder: *Hätte ich früher bloß nicht* ... usw. Aber diese Menschen, die so sprechen, haben nicht wirklich darüber nachgedacht, sonst würden sie so etwas nicht sagen!

Die Menschen handeln einfach nach ihren Prägungen, etwas anderes ist ihnen nicht möglich!

Niemals werden alle Menschen dieser Welt einer Meinung sein und in Konformität handeln. Das ist aufgrund verschiedener Kulturen gar nicht machbar, deswegen ist die einzige Möglichkeit, globalen Frieden zu erreichen, die, dass Du andere Menschen so sein lässt, wie sie sind.

Das Herz der meisten Personen ist aber zumindest teilweise verhärtet und ein Abgrund aus Verurteilung und Besserwisserei. Sie teilen ein in gute und weniger gute Menschen und verachten die, die sie als schlecht empfinden.

Viele Menschen sind völlig verbohrte Ideologen, die an der Unfehlbarkeit ihrer Weltsicht glauben.

Bei jeder Auseinandersetzung, wessen Meinung nun die richtige ist, gibt es dann noch reichlich Kollateralschaden, der seinerseits wieder

Feindschaft hervorbringt.

Wenn Du erkennst, dass andere einfach so handeln, weil sie eben so sind, wirst Du beginnen, Verständnis für sie zu entwickeln, daraus entsteht Güte und diese lässt Dich viel mehr Liebe empfinden als zuvor. Das ist der Anfang zu einem erfüllten Leben. Aber selbst wenn Du Deinen Mitmenschen nicht verstehst, kannst Du ihn dennoch mit Würde und Respekt behandeln, das solltest Du für Dein eigenes Seelenheil tun.

Was ist ein Vorurteil?

Im Grunde ist es eine eigene Erfahrung, die man verbunden mit starken Emotionen gemacht hat, sodass sie sich tief ins Unterbewusstsein eingebrannt hat, oder es sind Erfahrungen, die wir oft gemacht haben, diese konnten sich durch Wiederholung verfestigen.

Jeder ist in irgendeiner Weise befangen! Es gibt immer Personen, die etwas gegen Menschen mit Vorurteilen haben. Das ist absurd, diese Voreingenommenheit ist lediglich eine Erfahrung. Wenn jemand Vorurteile gegen Menschen mit Vorurteilen hat, ist er ja eigentlich genauso wie diese. Wenn es draußen geschneit hat und ich nun Angst habe auszurutschen, dann ist das ein Vorurteil gegenüber Schnee. Ich glaube, dass er glatt ist und man schmerzhaft stürzen kann. An dieser Betrachtungsweise ist nichts schlecht, es ist ein Überlebensmechanismus, den uns die Natur mitgegeben hat! Ein anderer hat Angst vor Hunden, weil ihn als Kind mal einer gebissen oder auch nur beängstigend bedroht hat. Er ist nun befangen gegen Hunde, daran ist nichts verwerflich.

Angenommen ein Junge wurde von einem anderen Kind im Kindergarten gehänselt und geschlagen. Der andere Junge war rothaarig und hatte Sommersprossen.

Nun wird das Kind ein Vorurteil gegen rothaarige Jungen entwickeln, das er auch nicht einfach auf Bestellung wieder

„Wir alle verachten Vorurteile,
aber wir sind alle voreingenommen."

- Herbert Spencer -

abschalten kann. Es ist einfach nicht möglich! Ist er nun ein schlechter Mensch, weil er eine gewisse Aversion gegen rothaarige Männer entwickelt hat? Nein, es ist ein völlig normaler Prozess der Natur, der ihn nun dazu ermuntert, sich von Rothaarigen fernzuhalten, weil sie ihm Schmach und Schmerz bringen, das ist wie mit der heißen Herdplatte, auf die das Kind gefasst hat und sich dadurch in Zukunft davon fernhält! Wenn er erwachsen ist, kann er sich vielleicht gar nicht mehr an die Vorfälle im Kindergarten erinnern, genauso wenig wie an die schmerzenden Finger von der Herdplatte, aber das Vorurteil wird noch da sein! Angenommen er hat einen Kollegen mit roten Haaren und Sommersprossen, er kann diesen einfach nicht leiden, ohne zu wissen warum! Der Rothaarige ist vielleicht nett und hilfsbereit, aber er kann ihn trotzdem nicht leiden! Dennoch ist er ja nun kein verachtenswerter Mensch, nur weil er rothaarige Männer mit diesem Vorurteil bedacht hat, er kann es auch nicht einfach ablegen wie ein Kleidungsstück! Im Grunde kann er gar nichts dafür, solche Geschichten schreibt das Leben, das hat sich der Junge im Kindergarten nicht ausgesucht, von einem Rotschopf herumgeschubst zu werden.

Jeder hat Vorurteile, etwas anderes ist überhaupt nicht möglich.

Aber Vorurteile müssen sich nicht aus eigenen Erfahrungen speisen; wenn Dir Deine Eltern und andere Verwandte oft erzählt haben, dass eine bestimmte Gruppe von Menschen besonders grausam ist, dann könntest Du schon von Kindesbeinen an Angst vor diesen Personen entwickeln, ohne dass Du jemals einem von ihnen begegnet

bist.
Man kann natürlich ein Vorurteil nicht auf Bestellung abstreifen, wie es oft in den Medien oder bei Diskussionsrunden gefordert wird.
Bei vielen Abneigungen ist es auch gar nicht notwendig. Im Grunde ist es egal, ob Du Hunde magst oder nicht, Du brauchst Dir ja keinen anzuschaffen! Eigentlich ist es auch egal, ob Du rothaarige Männer magst oder eher nicht.
Aber es gibt eben auch sehr hinderliche Vorurteile, z. B. wenn in der Familie immer schlecht über reiche Menschen geredet wurde, wird das Kind ein Vorurteil gegen gutsituierte Leute entwickeln. Wenn er als Erwachsener reiche Menschen verachtet, wird er unbewusst alles tun, um arm zu bleiben, obwohl er tief in seinem Herzen gerne den Wohlstand hätte.
Wir wollen hier ja gerade einen Weg gehen, der uns befreit von all den <u>negativen</u> Abneigungen. Von neutralen Vorurteilen brauchst Du Dich nicht zu trennen, es ist ziemlich egal, ob Du gerne Spinat isst oder nicht!
Jedes Wesen neigt nun aber auch dazu, Vorurteile zu verallgemeinern, da sind wir wieder bei dem Kind, das Kontakt zu einem sehr aggressiven Hund hatte. Es wird nun, zumindest vor allen Hunden dieser Rasse, Furcht verspüren, genauso wie der andere eine Abneigung gegen alle rothaarigen Männer hat.
Bei solchen Abneigungen ist es auch noch gesellschaftlich akzeptiert. Aber angenommen der Junge in der Schule, der ihn gehänselt und geschlagen hat, war ein Schwarzer, dann wird er natürlich diese

Befangenheit nicht gegenüber Rothaarigen, sondern gegenüber Schwarzen haben.
Ist ein Mensch, der eine Abneigung gegen Rothaarige hat, nun besser als einer, der eine Aversion gegen Schwarze empfindet? Wenn man sich die Berichterstattung der Medien anschaut, könnte man das glauben, aber ist das wirklich so?
Wir sollten versuchen, uns zu trennen von dem ganzen einfältigen Gerede der vielen Menschen, die einfach nur sprechen, ohne großartig zu denken. Was redet man, wenn man nicht darüber nachdenkt? Es ist das, was man gehört hat, was einem so beigebracht wurde, das, was alle so gedankenlos daher reden. Uns geht es hier darum, unser Leben entscheidend zu verbessern, und dazu gehört, dass man sich in einem gewissen Maße von diesem weltlichen Denken befreit.
Dazu gehört, dass man Dinge, die einem beigebracht wurden, auch mal hinterfragt.
Also nochmal: Alles, was Du jemals in Deinem Leben getan hast, war gut, richtig und zu diesem Zeitpunkt nicht anders zu machen!
Hört sich dieser Satz jetzt schon ein bisschen richtiger an als am Anfang des Kapitels? Lies den Abschnitt noch mal durch, verinnerliche es!
Wenn jemand in irgendeiner Weise handelt, ist das meistens auf seine Prägungen zurückzuführen. Oftmals wurden solche Konditionierungen auch von den Eltern völlig unbewusst eingepflanzt. Da gibt es solch ein Ernährungsmuster, das man heute

oft als „Frustessen“ bezeichnet. Auch ich war dem lange verfallen. Es wurde mir in der Kindheit so anerzogen, dass, wenn ich z. B. eine Impfung bekam oder mir Blut abgenommen wurde, ich danach mit Süßigkeiten getröstet wurde, dann gab es eben Eis oder Schokolade. Wenn es besondere Tage waren, dann wurde ich auf dieselbe Art belohnt. Jeder kennt das, wenn ein gutes Zeugnis oder der Geburtstag oder Weihnachten mit viel Süßigkeiten in Verbindung gebracht werden. Daraus entwickelte sich bei mir ein Verhaltensmuster, das mich an besonders guten Tagen wie auch an auffallend schlechten Tagen ziemlich viel naschen ließen. Natürlich war Übergewicht die Folge dieses Trost/Belohnung-Musters. Dieses Verhaltensmuster hatte ich viele Jahre, es war stärker als alle „vernünftigen“ Gedanken! Erst später, als ich den VIS-FOR-LO® Lifestyle eine Weile praktizierte, verschwand dieses Muster spurlos.

Mit Sicherheit war ich nicht der Einzige, der unter diesem Verhaltensmuster zu leiden hatte, ich kenne ziemlich viele, denen es heute noch so geht.

Angenommen da möchte eine übergewichtige Frau zum Abendbrot einen Salat essen. Ihr Gehirn sagt, dass das richtig wäre. Nun aber hat sie plötzlich riesigen Appetit auf Pizza oder Burger. Nun kämpft sie innerlich mit sich und entscheidet sich für das Fast Food! Sie findet gute Argumente dafür, verspricht sich selbst, deswegen morgen den ganzen Tag nur Salat zu essen. Als sie ihr ungesundes Essen bestellt, war sie sich sicher, dass ihr morgiges Vorhaben, einen Salat-Tag zu machen, gelingen würde. Sie glaubte daran! Ihr

Unterbewusstsein hat ihr für einen kurzen Augenblick Gewissheit geschenkt! Wenn sie fertig mit ihrem Essen ist, weiß sie plötzlich, dass dieser Plan für morgen scheitern wird. Jetzt kommt das schlechte Gewissen und sie sagt sich selbst: *Hätte ich bloß mal den Salat gegessen!*

Was ist passiert? Da war ganz einfach ihre Programmierung stärker als ihr rationaler Verstand! Die Prägung ist immer stärker! Das Unterbewusstsein übertönt einfach Dein Gehirn und sabotiert damit Deinen Entschluss! Zuerst gab das Innere ihr diesen Appetit ein, danach gute Argumente dafür, dann eine glaubhafte Planänderung (morgen Salat-Tag). Als das ungesunde Essen verspeist war, hatte das Unterbewusstsein sein Ziel erreicht und nimmt alles (Planänderung, Glauben) wieder zurück! Wäre das Unterbewusstsein ein Mensch, so könnte man sagen, er hat sie getäuscht, glaubhaft belogen, um seinen Willen zu bekommen.

Im Volksmund wird dann so etwas auf den inneren Schweinehund projiziert. Damit erschafft man einfach „jemanden“, dem man dann für die ungewollten Planänderungen die Schuld geben kann. Auf diese Weise seine Verantwortung für die Geschehnisse abzugeben, führt natürlich nicht zum Ziel.

Deswegen muss man nicht seine Gedanken verändern, sondern die Konditionierung, dann werden sich schädliche Muster ganz einfach auflösen.

Ich glaube, dass auch Du eine Situation in Deinem Leben benennen kannst, wo Dein Gehirn gegen Dein Unterbewusstsein gekämpft und

„Sei gütig, denn alle Menschen
denen Du begegnest,
kämpfen einen schweren Kampf."

- Platon -

verloren hat. Vielleicht hast auch Du vom inneren Schweinehund gesprochen.

Konntest Du anders handeln? Nein, sonst hättest Du es ja getan!

Auch hast Du vielleicht schon mal jemanden angeschrien oder ein böses Wort gesagt? Du wolltest es eigentlich gar nicht, ebenso wie die eben erwähnte Frau das Fast Food nicht essen wollte! Das sind alles Handlungen, bei denen das rationale Gehirn nicht so viel zu sagen hat, also die Vernunft ist nicht gefragt, und es regiert einfach das Unbewusste.

Im Nachhinein zu sagen: *Hätte ich damals nur nicht ...*, ist deshalb ziemlich naiv und lässt ein Mangel an folgerichtigem Denken erkennen!

Dein damaliger Erfahrungsschatz hat eben Deine damalige Handlung als die beste erkannt; wenn dann später Dein gereifter Erfahrungsschatz es als nicht die allerbeste Lösung entlarvt hat, war die frühere Handlung dennoch nicht falsch! Du kannst logischerweise immer nur nach Deinen aktuellen Erfahrungen handeln und nicht nach zukünftigen Erkenntnissen!

Und so läuft jeder Mensch durch den Tag und trifft die Entscheidungen, die sich in <u>diesem Moment</u> als am richtigsten für ihn anfühlen. Daraus resultieren dann Lebensumstände, aufgrund derer wieder Entscheidungen anstehen. Auch da wird derjenige wieder jenen Weg gehen, von dem er glaubt, es ist der beste oder eben der, den er als notwendig ansieht.

Ich gehe davon aus, dass es auch Dir dämmern wird, dass alle Deine Taten Deiner Vergangenheit keine Fehler waren, sondern dass Du zu jeder Zeit im Rahmen Deiner Erkenntnisse und Möglichkeiten Dein Bestes gegeben hast.

Nun wollen wir aber noch einen entscheidenden Schritt weitergehen! Wenn das für Dich zutrifft, dass alles, was Du getan hast, anders zu tun für Dich gar nicht möglich war, nun ja, dann trifft es aus seiner Perspektive betrachtet natürlich auf jeden Menschen auf dieser Welt zu. Das ist ziemlich logisch, Du kannst Dich ja nicht hinstellen und sagen, das, was ich getan habe, war aus meiner damaligen Perspektive für mich richtig, aber dem anderen gestehe ich das nicht zu! Das wäre ein klein wenig unfair, findest Du nicht? Ich weiß, dass die Erkenntnis, dass Du selbst immer das getan hast, was Du in diesem Augenblick als mindestens gerechtfertigt angesehen hast, leichter zu verstehen ist, als das bei anderen zu akzeptieren, aber dennoch ist es nur folgerichtig. Es wäre jetzt ein wenig unlogisch wie auch ungerecht, würdest Du das bei Dir selbst sehr wohl akzeptieren, aber bei anderen weiterhin erwarten, dass sie sich für ihre Taten der Vergangenheit schämen, sich entschuldigen oder Reue dafür empfinden sollen oder gar Buße tun! Wenn jemand etwas getan hat, was er in diesem Augenblick als gut, richtig oder zumindest notwendig erachtet hat, dann kann er dafür keine Reue zeigen, auch nicht wenn Dir diese Tat zuwidergelaufen ist. Du bist jetzt derjenige, der erkennen sollte, dass diese Handlung nun mal auf dem Erfahrungsschatz der jeweiligen Person beruht und es nun an Dir

ist, es einfach so zu respektieren, dass das nun einfach der Meinung des anderen entsprochen hat.
Selbst wenn jemand etwas aus Boshaftigkeit getan hat, so konnte er dennoch in diesem Augenblick nicht anders handeln! Hast Du noch niemals etwas aus niederen Beweggründen wie Rache, Neid oder purer Gemeinheit getan? Noch nie als Kind einem Mädchen ohne Grund an den Haaren gezogen, einen anderen grundlos geschubst oder verbal verletzt? Oder, später, negative Gerüchte verbreitet? Schlecht hinter jemandes Rücken geredet? Und hast Du Dich danach vielleicht sogar gut gefühlt? Ich denke, jeder kennt das aus eigener Erfahrung!
Also erkenne, dass es dem anderen genauso ging wie Dir.
Das sollst Du jetzt, wieder einmal, nicht tun, damit es anderen Leuten besser geht, nein, auch diesmal machst Du das ausschließlich für Dich selbst! Du selbst bist es, der negative Gefühle empfindet, wenn Du der Meinung bist, der andere hat falsch gehandelt, und nun von ihm Reue oder dergleichen erwartest.
Du selbst wirst Dich wesentlich besser fühlen, wenn Du erkennst, dass der andere genauso ist wie Du und seine Handlungen ebenso seiner Prägung entsprangen, wie Deine eigenen Aktionen auch auf die Inhalte Deines Unterbewusstseins zurückzuführen sind. Das zu erkennen, ist gelebte Liebe, es ist Respekt vor anderen Meinungen, es wird die Harmonie fördern, Dein Wohlgefühl steigern, Dein Seelenheil erhalten. So geht wahrer Erfolg!

Wenn Du das erkennst, wirst Du alle Deine Ziele spielend erreichen! Nicht nur andere Menschen werden Dich immer besser leiden können, auch Du selbst wirst Dich immer mehr mögen.

Kritik

Heute gilt es schon beinahe als Volkssport, andere Personen zu kritisieren, von vielen Menschengruppen wird Kritik schon als gemeinschaftliches Erlebnis zelebriert.
Schon in der Schule geht es los, wenn Du zu 99 % alles richtig gemacht hast, wird sich trotzdem nur auf das 1 % konzentriert, das nicht richtig war. Wenn Du von 100 Wörtern eines falsch schreibst, prangt an diesem einen ein rotes f, die anderen Wörter erhalten keinen Kommentar.
Wenn Du jemanden kritisierst, heißt es genau genommen: Derjenige handelt falsch. Da gibt es mehrere Gründe, vielleicht handelt er so, weil er zu dumm ist, um zu wissen, wie man es richtig macht. Vielleicht hat es ihm aber auch niemand gesagt, wie es richtig ist. Vielleicht handelt er auch bewusst falsch, aus Gier oder aus Berechnung usw. In jedem Falle muss dieser Mensch nun in seiner unrichtigen Handlungsweise gestoppt werden, glaubt die Welt. Aber vielleicht hat derjenige ja ganz einfach eine abweichende Meinung von den anderen, was denn nun richtig oder falsch sei? Wer bestimmt denn das? Irgendwelche Menschen einer bestimmten Klasse? Der Präsident der USA? Der chinesische Staatschef? Der Papst? Der Dalai Lama?
Da stellt sich beispielsweise ein Unternehmer hin und kritisiert einen Teil der Angestellten, weil sie seiner Meinung nach faul und nur auf ihren Vorteil bedacht sind.

Nun kommt jemand mit einer anderen Auffassung der Dinge und kritisiert diesen Fabrikanten dafür, dass er diese Meinung hat. Das Kuriose dabei ist, dass dieser Kritiker nun glaubt, er sei der bessere Mensch, so wie das vorher schon der Manager von sich gedacht hat. Niemand scheint auf die Idee zu kommen, dass es sich lediglich um Meinungen handelt.

Manche Zeitgenossen sind so in ihrer Kritiksucht gefangen, dass sie einem erscheinen wie eine Abrissbirne, die alles niedermacht, was ihr in den Weg kommt. Aber selbst diese Menschen, die voller Groll sind, stellen sich selbst als die Guten dar. Das ist eben die Natur des Menschen.

Da ist jemand nicht so gebildet; nun kritisiert ihn der Gebildete und glaubt, er sei klug. Da ist eine Frau, die ein relativ freies Sexualleben hat, nun kommt die keusche Dame und kritisiert die andere und glaubt nun, sie sei die bessere Frau. Der Umweltaktivist kritisiert den Autofahrer, der kritisiert den Radfahrer, und so geht es immer weiter. Viele halten es gar für einen historischen Augenblick, wenn sie etwas Denunzierendes über einen ihrer Mitmenschen herausgefunden haben, ohne zu wissen, dass sie gerade dabei sind, ihr eigenes Herz zu vergiften.

Man sieht es deutlich bei einer Partnerschaft, wenn man frisch verliebt ist, betrachtet man automatisch das Gute im anderen. Alles ist schön, man ist glücklich. Lässt dann dieser erste Hormonschub nach, beginnen die Menschen in ihre normalen Verhaltensmuster zu

verfallen, und diese sind eben, dass zuerst auf das Negative geschaut wird, dem wird die meiste Beachtung geschenkt.
Was folgt, das kennen die meisten. Man „entdeckt“ am Partner Dinge, die man nicht so toll findet. Diese waren vorher auch schon da, nur fand man es nicht wichtig! Nun wird begonnen, den Partner zu kritisieren, man möchte ihn ändern, ihn mehr so haben, wie man es selbst gewohnt ist. Nun weiß aber jeder selbst, wie es sich anfühlt, kritisiert zu werden, und einen Partner zu haben, der ja schon mit einem zusammen sein will, aber diverse Änderungswünsche an einem äußert. In den meisten Fällen beginnt nun der andere seinerseits, den Fokus auf Dinge des anderen zu lenken, die ihm nicht gefallen.
Kritik ist Verurteilung und diese ist immer verbale Gewalt, die zum Ziel hat, eine andere freie Meinung zu unterdrücken.
Kritik ist Konfrontation! Immer!
Angenommen Dich kritisiert jemand, könntest Du einfach ein anderer sein? Hast Du es Dir wirklich ausgesucht, so zu sein? Hattest Du vielleicht einfach keine Kraft, Dich anders zu verhalten? Woher solltest Du die Energie nehmen, wenn sie nicht in Dir steckte? Konntest Du Dich einfach nicht überwinden, das Geforderte zu tun? Oder wolltest es einfach nicht tun? Bist Du deshalb schlecht? Da kaum ein Mensch es mag, wenn er kritisiert wird, solltest Du es auch nicht mit anderen tun. Du könntest jetzt sagen: *Ich will doch nur, dass sich etwas verbessert.* Damit meinst Du aber eigentlich nur, dass es sich für Dich verbessert oder aus Deiner Perspektive gesehen besser wird. Für den anderen ist es ja anscheinend jetzt

„Es kommt nicht auf den Kritiker an; nicht auf den Mann,
der erklärt, warum der starke Mann gestrauchelt ist oder
wie ein Mann der Tat es hätte besser machen können.
Der Lorbeer gebührt dem Mann, der tatsächlich in der Arena
steht, dessen Gesicht mit Staub und Schweiß und Blut
verschmiert ist; der tapfer strebt; der sich irrt, wieder und
wieder scheitert, weil es kein Fortkommen
ohne Irrtum und Fehler gibt; der sich tatsächlich bemüht,
das Nötige zu tun; der den großen Enthusiasmus und
die wahre Hingabe kennt; der für eine Sache,
die es wert ist, alles gibt; der im besten Falle schließlich
den Triumph einer großen Leistung kennen lernt und
im schlimmsten Fall scheitert, weil er Großes gewagt hat,
so dass sein Platz niemals bei den kalten, furchtsamen
Seelen ist, die weder Sieg noch Niederlage kennen.

- Theodor Roosevelt -

schon gut, sonst würde er es ja nicht so tun. Du möchtest also, dass er seine eigene Meinung ablegt und Deine Meinung annimmt – ist das fair? Du könntest jetzt sagen: *Aber meine Meinung ist doch richtig!* Ja, aus Deiner Perspektive schon, aber genauso ist die Meinung des anderen aus seiner Perspektive fehlerlos!

Wenn Du jemanden ständig kritisierst, erwächst daraus Verachtung, wenn Du ihn lange genug verachtest, erwächst daraus Feindschaft. Und zwar entwickeln diese Aversion beide Parteien! Wenn Du jemanden stetig kritisierst und er dennoch bei seiner Meinung bleibt, wirst Du ihn irgendwann nicht mehr leiden können. Wenn Du stetig von einem anderen verurteilt wirst, dann wirst Du ihn ebenfalls irgendwann nicht mehr mögen, weil er Dir ständig schlechte Gefühle beschert! Aus langjähriger Feindschaft kann sich Hass und daraus eine handfeste Auseinandersetzung entwickeln. Genau genommen beginnen Kriege so: dass einer glaubt, er sei der Gute, und er hat das Recht, so weiter zu machen, und der andere sei der Böse, der sein Verhalten dem Deinen angleichen soll.

Du kannst es überall beobachten, egal wo Du bist: Es wird kritisiert, als ob es kein Morgen gäbe. Die Menschen, die da ihrer Kritik freien Lauf lassen, das sind natürlich die Guten, diese wollen ja nur, dass die Umstände sich bessern usw.

Es ist z. B. immer sehr plakativ zu sagen: *Ich möchte doch nur, dass alle Menschen in Frieden leben!*

Aber wie komme ich dazu zu bestimmen, was sich alle Menschen wünschen sollen?

Es gibt genug Menschen, die das eben nicht wollen, Kampfsportler lieben es, aufeinander loszugehen, viele Krieger sehen ihren Lebensweg darin, zu kämpfen.
Guck Dir eine beliebige Talkshow an, was siehst Du dort? Da sind mehrere Menschen geladen, die Du nun in zwei Gruppen einteilen könntest, die sich jetzt gegenseitig kritisieren. Da werden manchmal sehr gebildete Leute eingeladen, Doktoren, Professoren, aber niemand kommt auf die Idee zu sagen, dass es einfach nur eine Meinung ist und demnach beide Parteien recht haben. Nein, dann hätte man ja nichts zum Diskutieren, keinen Grund für Feindschaft und Hass!
Ich möchte Dir hiermit glaubhaft machen, dass das Schlechte im Leben und auf dieser Welt nicht der andere ist, der eine eigene Meinung oder Sicht der Dinge hat, sondern, dass das Übel die Kritik selbst ist.
Jegliches Bemängeln anderer basiert auf der Unkenntnis, wie das Leben funktioniert, also basiert Kritik im Grunde genommen auf mangelnder Bildung.
Der Konservative verurteilt den illegalen Einwanderer, der linke Idealist kritisiert den Konservativen. Was unterscheidet die beiden voneinander? Im Grunde nur das Objekt ihres Hasses. Aber nur weil ich etwas anderes hasse als mein Mitmensch, bin ich ja nun nicht besser als er! Besser bin ich dann, wenn ich diesen Hass eben nicht in mir habe! Es ist vielleicht nicht immer glühender Hass, aber auch Verachtung, Groll oder Antipathie jeglicher Art ist auch nur Hass light. Es ist das gleiche Gefühl, nur in geringerer Intensität!

Jeder weiß, dass Hass die negativste Emotion ist, zu der ein Mensch fähig ist. Also könnte man doch die Menschen ganz einfach in gute und weniger gute aufteilen, indem man danach geht, wer den meisten bzw. den wenigsten Hass empfindet. Wie kommt jetzt jemand darauf, dass er selbst der bessere Mensch ist, obwohl er andere Leute hasst, diese kritisiert und bekämpft? Da glauben dann kurioserweise Personen, die randvoll sind mit Wut, Neid, Eifersucht und Groll, dass sie die Guten sind, und sie verurteilen beispielsweise den Marihuana-Konsumenten und stellen ihn als schlechten Menschen dar, obwohl dieser vielleicht in vollkommener Harmonie und Liebe zu der Natur und all seinen Zeitgenossen lebt.

Ich sage, ein guter Mensch bist Du dann, wenn Du keinen Hass empfindest, wenn Du niemanden kritisierst und keinen anderen bekämpfst!

Betrachten wir das jetzt mal weniger aus der ideologischen Sichtweise als vielmehr aus der praktischen. Was ist Dein Ziel? Du willst ein wunderbares Leben in absoluter Glückseligkeit führen? Will das nicht jeder? Aber nicht jeder erreicht es! Das ist aber nicht so, weil der Schöpfer einteilt in gute oder in weniger gute Menschen, sondern das ist so, weil Gott eine Regel aufgestellt hat. Diese Regel besagt, dass Du immer das bekommst, worauf Du Dich konzentrierst! Beachtung bringt Verstärkung! Was wirst Du also bekommen, wenn Du Dich darauf ausrichtest, dass der andere ein Schurke ist, weil er den armen illegalen Einwanderer nicht mag? Oder dass das eine schlechte Frau ist, weil sie nicht so züchtig lebt wie Du? Oder derjenige ist weniger wert, weil er nicht denselben Grad an Bildung aufzuweisen hat, wie es bei Dir der Fall ist? Im Grunde richtest Du Dich auf das aus, was Du selbst als schlecht bezeichnest, was Du verachtest. Wie solltest Du nun aber das Gute bekommen, dass Du anstrebst? Verstehe diese einfache Logik! Gottes Gesetze sind nicht kompliziert, sie sind so simpel, dass sie schon ein kleines Kind verstehen könnte. Richte Dich auf das aus, was Du magst, was Du liebst, was Du gut findest, was Dir ein Lächeln aufs Gesicht zaubert, was Dein Herz berührt, was Du schätzen kannst! Wenn Du das tust, wirst Du unentwegt gute Gefühle verspüren, Dir wird es so richtig gut gehen, und alle Deine Wünsche werden sich erfüllen. Denn das ist der zweite Teil von Gottes Gesetz, der aber eng mit dem ersten verwoben ist. Der zweite heißt, um das in Dein Leben zu ziehen, was Du wirklich magst, solltest Du möglichst gute Gefühle verspüren und in die Welt ausstrahlen! Ich sagte eng verwoben, es ist auch hoffentlich für Dich logisch, dass, wenn Du andere kritisierst und Dich auf deren „Mängel" ausrichtest, Du eben nicht Liebe, sondern vielmehr Hass oder eine seiner Abstufungen empfinden und aussenden wirst.

Aber auch Kritik gegen die, die kritisieren, ist nicht zielführend! Ich meine tatsächlich gar nicht zu kritisieren! Lass einfach jeden so sein, wie er ist. Da brauchst Du Dich gar nicht einzumischen! Was geht es Dich an, wenn jemand einen anderen kritisiert? Glaubst Du nun, Du seiest besser, indem Du seinen Widersacher ebenfalls verurteilst? Nimm den anderen in Schutz, ohne den Angreifer zu kritisieren.

Verbreite Neutralität, sage: *Ich bin so, wie ich bin, der andere ist aber auch so, wie er ist!* Es sind lediglich andere Meinungen, die Euch trennen. Aus welchem Grunde sollte jetzt einer von beiden seine eigene Meinung ablegen und die Meinung des anderen annehmen? So wie Du Deine eigene Ansicht nicht aufgeben möchtest, so möchte es der andere ebenfalls nicht, das ist eigentlich sehr einfach und verständlich, beide fühlen sich im Recht! Es gibt einfach keine konstruktive Kritik! Wozu denn auch? Warum muss ich irgendetwas kritisieren, wenn ich es verbessern will? Viel einfacher ist es doch, das zu loben, was ich will. Das macht man doch beim Einkaufen ebenso! Würdest Du jemanden sehen, der beim Einkauf alles, was er nicht will, in seinen Einkaufskorb stellt, um sich dann lauthals darüber aufzuregen, wie schlecht das alles ist, würdest Du ihn für irrsinnig halten! Im Grunde ist es aber genau das, was viele tun, sie beschäftigen sich vorrangig mit dem Unerwünschten, um sich dann darüber zu ereifern – ja, das ist verrückt!

Ich weiß, es ist nicht immer einfach, die Neigung: *So, wie ich es mache, ist es richtig!* zu unterdrücken, aber wenn man es versucht, wird man zum Erfolg kommen und den Menschen mit mehr Verständnis begegnen können. Wenn ich eine Person sehe, die meiner Meinung nach falsch handelt, schiebe ich diesen Gedanken sofort beiseite und ersetze ihn durch: *Das ist seine Sache, es geht mich nichts an!*

Sicherlich wolltest Du Dir schon mal etwas abgewöhnen, vielleicht zu viel zu essen, und hast es nicht geschafft, wie wahrscheinlich ist es nun, dass Du Dir das abgewöhnst, wenn Du es Dir selbst gar nicht abgewöhnen willst, sondern ein anderer will, dass Du weniger Kalorien aufnimmst?

Die Antwort darauf ist der Beleg für die völlige Sinnlosigkeit von Kritik an anderen.

Wenn Du ständig Kritik übst, so wird das zu einer Gewohnheit! Wenn Du dann einem Menschen begegnest, wirst Du automatisch darauf schauen, ob er denn Deiner Meinung nach nicht etwas falsch macht.

Wenn ein Politiker etwas verkündet – was auch immer –, wirst Du sofort die vermeintlich negativen Folgen dessen betrachten. Versteh das richtig, dieser Politiker hat noch gar nichts getan, vielleicht gerade mal laut gedacht, solche verbalen Ausfälle gehören eben einfach nur zur Show in der Politikbranche, aber Du bist sofort, wie auf Bestellung, in einer schlechten Schwingung, einfach nur so aus Gewohnheit, weil Du es schon so lange eingeübt hast.

Wenn Du jemanden kritisierst, wen auch immer, heißt das: Wenn Dein Geist und Deine Seele mit ihrem gesamten Erfahrungsschatz in dem Körper des anderen gesteckt hätten, Du dieses andere Leben selbst leben würdest, hättest Du es anders getan als er.

Vielleicht, vielleicht auch nicht! Fakt ist aber, dass Du weder mit Deinem Geist noch Deiner Seele in diesem anderen Körper steckst, also auch nicht annähernd wissen kannst, wie Du handeln würdest, wärest Du er! Du kannst noch nicht mal im Ansatz erahnen, wie es sich anfühlen würde, „er" zu sein!

Und wenn Du in seinem Körper stecken würdest und sein Leben gelebt hättest, dann hättest Du logischerweise seinen Erfahrungsschatz und nicht Deinen, der ja aufgrund Deines Lebens entstanden ist.
Allein schon der Gedanke, dass sich jemand einbildet zu wissen, wie er handeln würde, wäre er nicht er selbst, sondern jemand anderes, zeugt davon, dass dieser Mensch nicht eine Sekunde über dieses Thema nachgedacht haben kann. Ansonsten würde er darauf kommen, dass es völlig unmöglich ist zu wissen, was man tun würde, wenn man ein anderer wäre.
Genauso gut könntest Du gleich in ein anderes Land mit einer anderen Kultur gehen und die dort vorherrschenden Sitten und Bräuche kritisieren und als Unfug entlarven, nur weil Du andere Sitten und Bräuche gewohnt bist, die aber sicherlich auch nicht intelligenter sind als ihre!
Ich möchte Dich dazu inspirieren, die völlige Absurdität und Kontraproduktivität von Kritik zu erkennen!
Ich weiß, das klingt alles etwas verwirrend, aber die Logik ist unbestreitbar!
Genauso wie es unsinnig ist, mit Deinem heutigen Erfahrungsschatz Deine Handlungen von früher zu messen, ist es genauso wenig stichhaltig, die Handlungen anderer an der Summe Deiner Erfahrungen abwägen zu wollen. Es macht einfach keinen Sinn. Du kannst nicht mit Deinen Glaubenssätzen die Handlungen anderer messen, weil der andere logischerweise andere Glaubenssätze

„Groll mit uns herumtragen ist
wie das Greifen nach einem glühenden
Stück Kohle in der Absicht, es nach
jemandem zu werfen.
Man verbrennt sich nur selbst dabei.“

- Buddha -

hat. Das ist so, als wolltest Du die Spannung in der Steckdose mit dem Zollstock ermitteln – das funktioniert einfach nicht!

Also ist es das Beste, wenn Du absolut neutral bist, nimm Dir die Schweiz zum Vorbild, sie ist aufgrund ihrer Neutralität eines der erfolgreichsten Länder weltweit! Beim "World Happiness Report 2015" der UNO ist die Schweiz zum glücklichsten Land der Welt gekürt worden.

Das kannst Du auch, es geht Dich nichts an, wie die Frau ihr Sexualleben gestaltet, auch nicht wie gebildet oder ungebildet Dein Mitmensch ist, ob ein anderer Marihuana raucht. Es geht Dich auch nichts an, wie seine politische Einstellung ist.

Das hört sich für viele so an, als sollten sie völlig desinteressiert sein, was um sie herum passiert. Das ist genau genommen richtig, kümmere Dich um Dein Eigenes! Kümmere Dich darum, dass Dein Leben ein voller Erfolg wird! Wenn das so ist, dann wird auch Deine Umwelt davon profitieren.

Wenn Du dagegen ein Versager bist, der sich ständig in Dinge einmischt, die ihn nichts angehen, seine Mitmenschen kritisiert und gängelt, sich doch bitte anders zu verhalten, dann wird Deine Umwelt einen ziemlichen Schaden an Dir nehmen! Andere Menschen tun das, was sie für richtig erachten, oder sind einfach nur von den Ereignissen getrieben, sei gnädig mit ihnen. Wenn Du gütig zu anderen bist, werden diese auch Dir freundlich gesonnen sein, das verbessert Deine Lebensqualität erheblich!

Viele von den Sachen, die Du bemängelst, entstehen doch nur durch Dein eigenes Verhalten! Es wird beispielsweise immer so dargestellt, als wenn der Lügner der Böse ist. Aber im Grunde lügt fast jedes Kind seine Eltern an! Haben diese Sprösslinge nun alle einen schlechten Charakter? Nein, im Grunde lügen viele Kinder, weil die Eltern nicht genug Verständnis für die Interessen ihres Nachwuchses haben und bei Nichtigkeiten große Diskussionen lostreten.

Durch mangelndes Verständnis entstehen erst Ausflüchte. Denn die Lüge war nicht zuerst da, vorab waren da die großen Debatten, denen das Kind nun versucht durch eine Unwahrheit zu entgehen. Es ist ein einfacher Mechanismus der Schmerzvermeidung. Wenn Du Kinder hast, denke jetzt nicht an diese und wähne sie im Unrecht, sondern denke daran wie es war, als Du selbst ein Kind warst und Deine Eltern belogen hast!

Du sollst ja nun nicht apathisch durchs Leben laufen und für nichts Interesse zeigen, das ist damit nicht gemeint. Du solltest nur in Erwägung ziehen, dass es nicht Deine Harmonie fördert, wenn Du Dich in Dinge einmischst, die Dich nichts angehen, Dich auf Gegebenheiten ausrichtest, die Du als unerwünscht betrachtest; Du sollst Dich lediglich um das kümmern, was Du magst!

Ich habe da immer eine gute Metapher, da stehst Du nun in einem riesigen Garten mit Deinem Liegestuhl in der Hand. Nun ist es Deine freie Entscheidung, wo Du Dich niederlässt. Da ist ein Steingarten mit vielen Blumen, es duftet betörend, eine Quelle plätschert, die Vögel zwitschern. Es ist hier sehr angenehm, so richtig zum Wohlfühlen! Hier könntest Du Dich niederlassen und die Zeit genießen! Aber Du kannst auch ein gutes Stück weitergehen, da hinten ist der Misthaufen, daneben eine Güllegrube, es stinkt bestialisch, Ungeziefer belästigt Dich. Du kannst Dich auch hier niederlassen und darüber schimpfen, wie schlecht es ist! Und genauso ist es im Leben Deine freie Entscheidung, worauf Du Deine Aufmerksamkeit richtest. Auf das Erwünschte, was gute Gefühle in Dir auslöst, was Dich erfreut, was Du liebst, oder auf das Unerwünschte, was schlechte Emotionen in Dir aufsteigen lässt.

Aber ich kann doch nicht einfach meinen Blick abwenden von den schlechten Dingen ... höre ich dann oft von meinen Zuhörern oder Lesern.

Doch, das solltest Du sogar! Solange Du Dich veranlasst fühlst, gegen irgendwelche Dinge zu kämpfen, bis dahin hast Du die Gesetze des Universums nicht verinnerlicht. Beachtung bringt Verstärkung! Also verstärke das Gute in der Welt, indem Du es beachtest. Was bringt denn all der Kampf? Was bringen Revolutionen? Alle Politiker zum Teufel jagen? Und dann? Die neuen Politiker sind dann besser? Was war denn nach der großen sozialistischen Oktoberrevolution in Russland? Dem arabischen Frühling? Haben die Menschen danach in Wohlstand und Freiheit gelebt? Nein, noch mehr von dem, was sie nicht wollten, kam in ihr Leben. Genauso ist es immer bei gewaltsamen Umstürzen, egal wie man sie nennt. Man kann natürlich nicht alles ausblenden, aber vieles. Natürlich weiß

„Denn Zorn hat Zerstörung und Elend der Völker zur Folge. Nur Vergebung gewährt Leben und Wohlstand. Oh du Schöne, man sollte unter allen Umständen vergeben, denn das sichert den Fortbestand der Menschheit."

- Mahabharata Buch 3, Kapitel 29 -

ich, dass es viel Armut gibt und Kinder verhungern, aber ich spende nach meinen Möglichkeiten an eine Organisation meines Vertrauens und trage so einen Teil dazu bei, damit etwas besser werden kann. Ich bin dafür, dass Kinder zu essen haben. Würde ich jetzt irgendwo mit einem Plakat in der Hand gegen Armut protestieren, dann hätte ich etwas gegen Hunger in der Welt – wer hätte etwas davon? Ich wäre einfach nur dagegen – wer hätte einen Nutzen davon?

Wenn ich von Weitem ein undefinierbares etwas im Rinnstein liegen sehe, dann wende ich meinen Blick vorsätzlich ab. Es könnte ein verlorenes Basecap sein oder eine alte Einkaufstüte, aber eben auch ein zu Tode gekommenes Tier, ich gucke absichtlich woanders hin, weil ich den Anblick von totgefahrenen Tieren nicht mag! Ja, ich wende meinen Blick bewusst von negativer Realität ab, weil ich mich dadurch besser fühle. Wer hätte etwas davon, würde ich mich mit diesem Anblick belasten? Ich? Nein! Das Tier? Nein! Irgendjemand auf der Welt? Nein! Also wozu sollte ich es tun? Ich kenne Leute, die ganz bewusst hinschauen! Wenn sie dann auf ihrer Arbeitsstelle angekommen sind, dann berichten sie ihren Kollegen davon und „werten es aus", stellen Mutmaßungen an, welches Tier es denn nun genau war und warum es dort zu Tode gekommen ist.

Negative Gefühle werden so vervielfältigt. Wozu? Wo ist der Nutzen? Beachtung bringt Verstärkung!

Eigentlich ist es doch ganz einfach: Was willst Du? Du willst reich, gesund und glücklich sein, also konzentriere Dich auf die guten

„Wogegen du deinen Widerstand richtest,
dem schaffst du Bestand."
- C.G.Jung -

Seiten von Reichtum, Gesundheit und Glückseligkeit, und diese Dinge werden verstärkt in Dein Leben strömen.
Es ist wirklich das Einfachste was es gibt, jeder Dummkopf kann es verstehen. Trotzdem machen die meisten Menschen genau das Gegenteil, sie konzentrieren sich auf das, was sie nicht wollen.
Warum ist das so?
Eigentlich ist das nur Gewohnheit, sie tun es, weil ihre Eltern es schon so getan haben, weil es andere so tun. Wenn Du irgendeinen Pessimisten auf seine negative Weltsicht hin ansprichst, wird er Dir erwidern, dass er ja nur Realist ist. Und recht hat er! Aber ihm kommt es eben nicht in den Sinn, dass der Optimist ja auch nur ein Realist ist. Der eine betrachtet eben die unerwünschte Realität, der andere die gewollte. Der eine hat seinen Liegestuhl neben dem Rosenbeet aufgestellt, der andere neben der Güllegrube! Beide sehen und berichten über Realität!
Auch kann ich mich erinnern, dass ich als Kind getadelt wurde, wenn ich etwas positiv betrachtete. Also wenn ich, auf ein Problem angesprochen, meiner Mutter erwiderte: *Ach das wird schon!*, bekam ich sofort zu hören, ich solle doch nicht so desinteressiert sein. Im Prinzip lernte ich, Probleme aufzubauschen und sich den Kopf darüber zu zerbrechen. Man könnte es als kollektives oder kulturelles Training bezeichnen, das weltweit betrieben wird und zum Ziel hat, Kindern ihre Unbeschwertheit und damit ihre Lebensfreude zu nehmen. Obwohl Gelassenheit aus emotionaler Sicht wesentlich besser ist, als Schwierigkeiten bewusst aufzublähen.

Auch in den Medien wird fast ausschließlich darüber berichtet, was nicht gewollt ist. Auch dort werden Probleme bis zum Gehtnichtmehr aufgeblasen. Dort wird kritisiert, was das Zeug hält! Politiker, Stars, „weise“ Menschen stellen sich in die Öffentlichkeit und sondern ungefiltert Kritik an ihren Mitmenschen ab. Da erscheint es einem als völlig normal, es genauso zu tun. Wenn jemand nicht in diesen Chor mit einstimmt, dann muss ja etwas nicht mit ihm stimmen. Also laufen die meisten mit, mit dieser großen einfältigen Herde.
Dann gehört man wenigstens dazu und ist von denen anerkannt, wenn auch das eigene Leben kaum zu ertragen ist. Aber auch dafür werden dann natürlich andere verantwortlich gemacht. *Wenn der Mitmensch sich anders verhalten würde, dann würde es mir natürlich besser gehen.* Aber dieser Gedankengang ist sehr schlicht und zementiert nur ihre soziale Stellung in der Opferrolle.
Und so drehen sich die meisten ihr Leben lang im Kreise: Ihr Leben ist ziemlich kläglich, deswegen kritisieren sie die anderen, davon wird es natürlich noch unerträglicher, woraufhin sie noch mehr verurteilen.
Ich möchte Dich dazu ermuntern, die Welt mit Liebe anzuschauen, mit Zuneigung, Verständnis und Barmherzigkeit! Wenn Du sie mit Liebe betrachtest, dann ist dort kein Platz für Kritik. Denn andere Menschen sind eben, wie sie sind. Wenn es dort jemandem schlecht geht? Indem Du andere dafür verantwortlich zeichnest, dass es demjenigen nicht gut geht, ihnen Belehrungen zukommen lässt, dass sie bitte ihr Verhalten ändern sollen usw., glaubst Du nun, dass es

diesem einen jetzt besser geht? Nein, ihm geht es genauso wie vorher, nur Dir selbst geht es schlechter als zuvor, weil Du nicht mit Liebe und Verständnis in die Welt geschaut hast, sondern in Abneigung und Verurteilung!

Was hat jetzt der andere davon? Was hast Du davon? Was hat irgendjemand davon? Nichts! Es wurden einfach durch Deinen kritischen Blick auf die Welt noch mehr negative Gefühle produziert, die sich als negative Schwingung über die Welt ausbreiten.

Du brauchst nicht gegen vermeintliche Ungerechtigkeit zu kämpfen – verbreite die Liebe! Wo Liebe herrscht, kann Ungerechtigkeit nicht gedeihen. Kannst Du Dir vorstellen, dass in einer wirklich liebevollen Familie jemand misshandelt wird? Kannst Du Dir vorstellen, dass es in einer Familie passiert, wo sich alle kritisch beäugen, sich gegenseitig verurteilen und so misstrauen und Groll aufbauen?

Wenn Du Dich hinstellst und die Welt mit Liebe betrachtest, dann heißt das ja nicht, dass Du Dir die Gewalt oder den Mord anguckst und diese Ereignisse mit Wohlwollen betrachten sollst. Du brauchst diese Bluttat überhaupt nicht ansehen! Wer auf diesem Planeten hat einen Vorteil davon, wenn Du diesen Mord betrachtest? Wird irgendetwas besser davon? Fühlst Du Dich besser infolgedessen? Nein, das Gegenteil ist der Fall, Du fühlst Dich schlechter dadurch, strahlst Abscheu, Angst und andere negative Gefühle in die Welt. Glaubst Du, unsere Erde wird dadurch besser? Besser wird sie, wenn Du nicht das Verbrechen betrachtest, sondern ein glückliches Kind

oder das Wachsen einer Blume; wenn Du das mit Liebe anschaust, Dich daran erfreust, dann strahlst Du positive Energie in die Welt.
In der Washington-Studie[1] 1993 haben viele Menschen in Schichten meditiert und haben somit die Kriminalitätsrate des Stadtteils Columbia um über 20 % gesenkt. Diese Studie ist von Wissenschaftlern geleitet worden, und sie hat allen späteren Überprüfungen standgehalten. Viele Berichte darüber findest Du im Internet.
Es ist einfach positive Energie, die ausgestrahlt wurde und sich auf andere Personen übertragen hat. Vielleicht kennst Du auch einen Menschen, in dessen Gegenwart Du Dich so richtig gut fühlst, die Sorgen scheinen vergessen, weil der andere solch eine Frohnatur ist. Vielleicht kennst Du aber auch einen, der Dich aggressiv macht mit seiner bloßen Anwesenheit oder auch depressiv, einfach nur weil er da ist. Manche Leute schaffen es, dass man schlechte Laune bekommt, ohne erkennbaren Grund, einfach nur weil sie anwesend sind und ihre negativen Schwingungen verbreiten.
Sei Du ein Mensch, den andere gerne in ihrer Nähe haben, der sie mit positiven, liebevollen Schwingungen aufbaut. Den ersten und auch den größten Nutzen davon hast Du natürlich selbst! Du strahlst ja Liebe aus, weil Du Liebe fühlst. Stell Dir ein Leben vor, wo Du unentwegt Liebe empfindest! Ich lebe dieses Leben, und ich

[1] Quelle: www.artoflife.de/dokumente/washington-studie.doc

kann Dir versichern, es ist absolut umwerfend, wirklich erfüllend. Und es ist ja nicht nur das Gefühl, daraus resultiert ja auch, dass Du das Leben Deiner Träume lebst. Wenn Du ausschließlich auf das ausgerichtet bist, was Du liebst, wird noch viel mehr davon in Dein Leben kommen, was Du lieben kannst!

Ohne sichtbaren, ohne erkennbaren Grund werden andere Menschen unaufgefordert das tun, wie es Dir behagt, Dinge werden in Dein Leben treten, die für Dich absolut erwünscht sind. Andere werden sagen, dass Du viel Glück hast, aber Du weißt es besser, denn Du betrachtest bewusst das, was Du magst, von unerwünschten Dingen wendest Du Deinen Blick ab!

Es sollte uns schon unsere Intelligenz gebieten, dass wir das im Leben betrachten, was uns gefällt, was uns erhebt. So funktioniert die Verbesserung unseres Planeten. An alle, die glauben, dass es schlimm um die Welt steht: Fange bei Dir selbst an, werde dadurch glücklich, und nun verströmst Du diese Glücksgefühle über den gesamten Globus! Du willst etwas für Frieden auf Erden tun? Dann strahle Du diesen Frieden aus!

Aber die meisten Personen weltweit betrachten genau das, was ihnen eben nicht gefällt. Jeder Journalist kennt die Aussage: Nur eine schlechte Meldung ist eine gute Meldung.

Aber das ist nicht so, weil die Reporter so böse sind, das ist so, weil es der Bedarf des Menschen ist. Und weil die meisten es so tun, macht der Rest es ebenso, weil sie eben keine Außenseiter sein wollen. Aber denke nochmal genau darüber nach: Willst Du dazu gehören, so sein

„Weiter, liebe Brüder: Was wahrhaftig ist,
was ehrbar, was gerecht, was rein,
was liebenswert, was einen guten Ruf hat,
sei es eine Tugend, sei es ein Lob
- darauf seid bedacht!“
- Phil 4,8 -

wie alle und willst Dich dabei mäßig bis schlecht fühlen, weil alle das so tun? Dann nimmst Du Tabletten und trinkst Alkohol, damit Du Dich für ein paar Stunden besser fühlst, weil ja schließlich alle Tabletten und Alkohol konsumieren? So wirst Du wahrscheinlich viele Menschen in Deinem Leben haben, die Dich akzeptieren und denen Du im Leid verbunden bist. Aber glaub mir, das ist nicht die Verbindung, die Dich glücklich macht! Was Du wirklich willst, das ist Liebe und die Erfüllung Deiner Herzenswünsche und nicht Mitleid von einer ebenso leidenden Person, das ist nur ein armseliger Ersatz für Deine wahren Bedürfnisse.

Das Ziel ist es nicht, alles toll zu finden, was es gibt, das Ziel ist es, Deine Aufmerksamkeit nur noch auf das zu lenken, was Du magst! Da fällt mir der Vergleich mit der rosaroten Brille ein. Leider wird dieser nur negativ verwendet. Jeder hat in gewissen Lebensbereichen diese Brille auf. Eltern gegenüber ihren Kindern, Verliebte gegenüber ihren Partnern, ein Fan gegenüber seinem Idol usw. Schön wäre es, wenn auch Du diese rosarote Brille tragen würdest und Dich nur noch auf das konzentrieren würdest, was Du wirklich willst.

Du solltest verstehen: Jeder Mensch will das aus seiner Sicht Gute!

Es gibt eigentlich keinen Menschen, der etwas tut, was aus seiner eigenen Sichtweise schlecht und unwürdig ist. Selbst der Mörder kann Dir aus seiner Sicht stichhaltige Indizien nennen, dass sein Opfer kein Recht zu leben hatte.

„Der Schwache kann nicht vergeben.
Vergebung ist das Merkmal der Starken."
- Mahatma Gandhi -

Viele Personen sind bereit zur Rache, angenommen da wurde durch einen Unfall ein Kind getötet, man findet heraus, dass der Fahrer des Unfallwagens alkoholisiert war. Dann wollen die Angehörigen des Kindes den Verursacher möglichst hart bestraft sehen. Ja, viele würden die Todesstrafe als gerecht empfinden oder wären sogar bereit zur Selbstjustiz. Allein die Angst vor Strafe hält viele von einem Rachemord ab. Und das obwohl natürlich jeder weiß, dass diese Rache das Kind nicht wieder zurückbringt und sie damit selbst zum Mörder werden.

Es ist natürlich verständlich, dass Menschen geneigt sind, ihren Schmerz zu lindern, irgendwie zu kompensieren, ich halte es jedoch für den falschen Weg, sein Herz zu verhärten. Denn diese Rache ist nicht wirklich in der Lage, den Schmerz zu stillen; da ist Liebe, Vergebung und Barmherzigkeit angesagt, nur diese Empfindungen können auf Dauer ein besseres Grundgefühl erreichen! Natürlich ist es sehr leicht, in dieser Situation Hass zu empfinden, und es wird immer leicht sein, diesen zu pflegen. Dem Verursacher zu vergeben, fällt dagegen wesentlich schwerer, aber es ist der einzige Weg zum Seelenheil.

Im Grunde ist Kritik nur ein Mittel, die Freiheit anderer Menschen einzuschränken! Man möchte, dass sie sich nicht so benehmen, wie sie selbst es entschieden haben, sondern gefälligst sollen sie sich so benehmen, wie ich es will!

Viele glauben, die Welt muss sich ändern, damit man glücklich sein kann. Aber das stimmt einfach nicht, auch Du selbst musst Dich nicht ändern, Du bist wunderbar, so wie Du jetzt im Augenblick bist. Du musst lediglich Deinen Fokus verschieben, von Dingen und Begebenheiten, die Du nicht magst, hin zu Ereignissen, die Du magst. Wenn Du darauf spekulierst, dass die Welt sich ändert, oder wenn Du darauf wartest, dass andere Menschen sich ändern, damit Du dann endlich glücklich sein kannst, muss ich Dich enttäuschen. Erstens kannst Du lange darauf warten, dass andere sich anders verhalten, damit es Dir besser geht. Warum sollten sie das auch tun? Stell Dir vor, zu Dir käme jemand und würde Dir sagen, dass Du Dich unbedingt ändern musst, damit er endlich glücklich sein kann. Ich denke, Du würdest ihm eher Dein Unverständnis mitteilen. Zweitens ist zu bemerken, dass ein inneres Gefühl des Glücks auch innere Ursachen hat und nicht äußere. Wenn Du in Deinem Inneren kein Glück verspürst, dann wirst Du es auch nicht empfinden, wenn sich die Umstände nach Deinen Wünschen verändern. Gut kann man das erkennen, dass es in vielen sehr armen Gegenden dieser Welt dennoch erstaunlich viele glückliche Menschen gibt. Sie singen und tanzen, obwohl sie gerade mal das Nötigste zum Leben haben. In anderen Ländern, die man als sehr reich bezeichnet, siehst Du genug Personen, die an Antidepressiva hängen oder an der Flasche, obwohl sie materielle Sicherheit genießen.

Also entscheidest Du es in Deinem Inneren, was Du von der Welt hältst, und es ist Deine Entscheidung, Dich auf das Erwünschte auszurichten!

Du kannst es eh nicht ändern, dass sich da irgendwo Menschen gegenseitig töten. Es liegt nicht in Deiner Macht. Auch hast Du keinen Einfluss darauf, wie Dein Nachbar sein Leben gestaltet. Also wende Deinen Fokus einfach davon ab. Im Grunde lädst Du Dir emotionalen Müll herunter, wenn Du Dich für Dinge interessierst, die Dir schlechte Gefühle bringen. Das ist Spam, Unrat, warum ziehst Du den bewusst in Dein Leben? Jeder hat bei seinem E-Mail-Konto den Spamfilter aktiv, um diesen Müll draußen zu lassen. Obwohl es einfach ist, diesen wieder zu löschen. Bei diesem emotionalen Unrat ist es bei Weitem schwieriger, diese Bilder verfolgen Dich noch lange Zeit später, bis in den Schlaf, sind tief in Deinem Unterbewusstsein abgespeichert und werden ein Teil von Dir! Je mehr Du Dich auf negative Dinge ausrichtest, umso mehr Negativität ist in Dir selbst. Irgendwann bist Du dann ein destruktiver Mensch mit heruntergezogenen Mundwinkeln, vergrämt, der sich beklagt, wie schlecht die Menschheit und die Welt überhaupt sind. Jemand, der sich stetig auf das Gute ausgerichtet hat, der weiß gar nicht, wovon Du sprichst! Der stellt sich hin und sagt Dir, dass er Dich gar nicht verstehen kann, die Welt ist doch wunderbar!

Es ist doch völlig logisch, dass die Welt niemals so sein kann, dass alle Menschen mit allen Begebenheiten einverstanden und zufrieden sind. Das ist absolut einleuchtend.

Die Welt ist groß, hat viel Schönes zu bieten. Aber was dem einen „das Schöne" ist, ist dem anderen Leid. Nun besteht die Kunst nicht

„Übe Nachsicht und gebiete Güte“

- Koran: Sure 7, 199 -

darin, die Welt umzugestalten, sondern die Kunst besteht darin, Dich auf das auszurichten, was Du magst, und das zu ignorieren, was Du nicht magst. Würden das alle Leute ab heute so tun, dann hätten wir nie wieder einen Krieg. Diese ganzen Auseinandersetzungen kommen doch nur daher, dass ein Mensch sich auf etwas fokussiert, was ihm nicht gefällt. Dann möchte er, dass es sich ändert, also verlangt er von anderen Menschen, dass diese bitte ihr Verhalten ändern, damit er sich selbst besser fühlt. Er tut sich mit anderen zusammen, die das Gleiche wollen, schon stehen sich zwei Gruppen feindlich gegenüber. Wesentlich einfacher wäre es doch, sich einfach nicht auf diese unerwünschte Sache auszurichten. Einfach zu sagen, ok, das geht mich nichts an, was der dort tut, das ist seine Sache. Ein chinesisches Sprichwort besagt: Wenn jeder vor der eigenen Türe kehrt, ist die ganze Straße sauber. Und genau das wäre die Lösung. Wenn jedes Land sich um seine eigenen Dinge kümmern würde, dann würde es wesentlich weniger Auseinandersetzungen zwischen Staaten geben.

Nun können wir unsere Kritiksucht ebenso wenig auf Bestellung abschalten wie ein ungeliebtes Ernährungsmuster oder eine schlechte Angewohnheit.

Ich möchte Dich dazu inspirieren, durch beständige Arbeit an Dir selbst in einen Zustand der absoluten Glückseligkeit zu gelangen. Wenn Du dieses Stadium erreicht hast, wirst Du Dich absolut fantastisch fühlen! Aber auch Deine Mitmenschen werden davon profitieren. So wie auch Du lieber mit einem ausgeglichenen, *liebevollen Menschen zusammen bist, werden Deine Familie und Deine Kollegen Dich noch mehr schätzen, wenn Du immer mehr zu dem Menschen wirst, der die Welt mit Liebe und Güte betrachtet.*

Indirekte Kritik

Indirekte Kritik ist natürlich ebenso Kritik. Für Dich selbst hat das die gleichen negativen Auswirkungen wie Missbilligung im Allgemeinen. Nur unterscheidet sich indirekte Verurteilung eben dadurch, dass Du die Person nicht damit konfrontierst. Eher ist es als Tratschen bekannt und hat eben nicht den Zweck, das Handeln des anderen zu verändern, sondern es ist einfach nur eine Ausrichtung auf das Negative, ohne überhaupt einen Zweck zu erfüllen. Der einzige Sinn, den indirekte Kritik haben könnte, besteht darin, sich dadurch selbst aufzuwerten. Wenn jemand seiner Frau beim Abendbrot erzählt, wie dumm sein Kollege ist, sagt er eigentlich: *Ich bin klug, Du hast Dir den richtigen Mann ausgesucht.*

Erzählt die Frau ihrem Mann, wie ihre Kollegin sich dem Chef anbiedert, sagt sie eigentlich: *Ich würde so etwas nicht tun, ich bin eine gute Frau!*

Natürlich kann man durch solche Bemängelung anderer nicht sein Selbstwertgefühl verbessern, also ist diese Kritik völlig sinnlos.

Der steht zu Hause bestimmt unter dem Pantoffel!

Wer weiß, was sie nachts so macht!

An seiner Stelle würde ich ja mal ...

Die hätte das doch auch anders machen können ...

Ich denke, dass kommt Dir alles ziemlich bekannt vor! Es ist sehr einfältig und niemals zielführend, Dir darüber Gedanken zu machen, wie andere Menschen ihr Leben hätten besser gestalten können. Ich weiß das aus eigener Erfahrung, wie einen das herunterziehen kann, wenn man in einem ständigen Dialog mit anderen darüber ist, wie denn ein Kollege oder Verwandter es hätte besser machen können. Oftmals führt man solche Gespräche auch im Selbstdialog.

Stell Dich jetzt bitte nicht hin und versuche Dir selbst glaubhaft zu machen, dass Du nicht mit Dir selbst sprichst! Ich denke, dass jeder vernunftbegabte Mensch es tut, das ist völlig normal und eigentlich ein Zeichen dafür, dass Intelligenz vorhanden ist. Nur solltest Du bestrebt sein, solche Selbstdialoge konstruktiv zu führen. Von dem großen deutschen Dichter Johann Wolfgang von Goethe ist überliefert, dass er sehr oft mit imaginären Gesprächspartnern kommunizierte und ihm dabei immer hervorragende Ideen kamen.

Aber wenn Du in einem ständigen inneren Dialog die Worte und Handlungen Deiner Mitmenschen kritisierst, dann machst Du es natürlich genau andersherum, dadurch werden jetzt negative Gedanken aus Deinem Bewusstsein in Dein Unterbewusstsein transportiert und dort dauerhaft abgespeichert.

Je mehr solcher negativen Gedankenmuster Dein Unterbewusstsein abgespeichert hat, umso leichter wird Dir Kritik fallen, Du wirst sozusagen ein Fachmann, was Kritik angeht. Du wirst immer als Erster erkennen, wenn ein anderer etwas falsch gemacht hat, Du wirst immer ganz genau wissen, wie diese Dummköpfe es hätten

besser machen können! Es ist aber nicht besonders ratsam, Dich in diesem Gebiet als Spezialist hervorzutun, zumindest wird Dich das immer weiter von Deinen wahren Herzenswünschen entfernen!
Je mehr Du Experte auf dem Gebiet der Kritik wirst, umso weniger wird es Dir vergönnt sein, positiv und zielführend zu denken!
Wenn Dir ein anderer Mensch begegnet, wirst Du schon ganz vollautomatisch daran denken, was der denn alles falsch macht, dass er sich besser anders kleiden sollte und die Frisur, naja, ich würde es an seiner Stelle mal mit einer anderen versuchen. Ist das da tatsächlich seine Frau? Aber der könnte sich doch auch bestimmt in der Beziehung etwas Besseres leisten usw.
Dein Unterbewusstsein speichert es ab, und Du wirst von Tag zu Tag immer besser darin, andere zu kritisieren. Nur dass Du eben davon nicht den geringsten Nutzen hast, irgendwann wirst Du denken, dass Du von lauter Schwachköpfen umgeben bist, was natürlich Deine sozialen Kontakte nicht gerade verbessert. Die Leute, mit denen Du Dich umgibst, werden genauso gute Kritiker sein wie Du selbst. Aber denke mal darüber nach, ob Dich dieses Verhalten und dieser Umgang glücklich machen?
Dein Mitmensch wird schon etwas an seiner Frau finden, oder vielleicht war sie auch die Erstbeste, aber auch dann hatte seine Wahl einen Grund, den nur er kennt und den Du nicht verstehen musst und kannst, also lasse doch die Spekulationen darüber!
Vielleicht gefällt ihm seine Kleidung und seine Frisur, vielleicht auch nicht, aber was geht Dich das an?

Ich möchte betonen, dass ich da aus Erfahrung spreche, und ich weiß, dass es nicht glücklich macht. Klar kann es erst einmal oberflächlich ein bisschen Freude bereiten, gemeinsam über einen Dritten herzuziehen. Aber eigentlich ist es die Gemeinsamkeit, was sich daran gut anfühlt. Genauso geht es Alkoholikern und Rauchern, die auch am liebsten in Gruppen ihrem Laster frönen!

Versuche, wenn Du irgendjemanden begegnest, etwas Gutes an ihm zu finden. Egal was es ist, jeder Mensch hat etwas Gutes an sich. Egal, das kann auch seine Uhr sein, die Dir gefällt, oder seine Augen, seine Schuhe oder sonst was! Darauf konzentriere Dich, lobe es in Gedanken! Wenn Du nicht allein bist, kannst Du Deinen Gesprächspartner darauf hinweisen: *Hast Du seine Uhr gesehen? Die hat mir gefallen!*

Wenn Du das täglich tust, wird es ebenso zur Gepflogenheit wie vorher das Kritisieren, nur dass das jetzt eine gute Gewohnheit ist. Nach einer gewissen Zeit wirst Du darin ein Spezialist werden, in Deinen Mitmenschen Gutes zu entdecken. Weil Du Dich nun mehr auf Gutes fokussierst, werden mehr gute Dinge in Dein Bewusstsein kommen, und Du wirst Dich wesentlich besser fühlen als vorher. Auch die Qualität Deiner sozialen Kontakte wird sich erhöhen. Jetzt wirst Du Dich zu Menschen hingezogen fühlen, die ebenfalls positiv fokussiert sind. Wenn man sich gemeinsam auf das Gute konzentriert, ist das natürlich viel beglückender, als wenn man kollektiv auf das Unerwünschte ausgerichtet ist!

Gut gemeinte Kritik

Meiner Ansicht nach gibt es keine gut gemeinte Kritik, weil auch solche Missbilligung prinzipiell darauf ausgerichtet ist, den anderen in seiner Meinungsfreiheit zu untergraben. Grundsätzlich sage ich damit meinem Gegenüber, dass ich ihn für nicht intelligent genug halte, die richtige Entscheidung zu treffen. Selbstverständlich hat auch solche „gut gemeinte Kritik" nicht den geringsten Nutzen, weil sich erstens auch danach nicht gerichtet wird und es zweitens auch nur Deine negative Prägung verstärkt.

Auch die negative Konditionierung des Unterbewusstseins Deines Gegenübers wird sich damit weiter verfestigen.

Im Grunde ist „berechtigte Kritik" nur von der Person, die diese äußert, als berechtigt eingestuft, um damit noch mehr zum Ausdruck zu bringen, ich habe Recht und Du bist im Unrecht. Das beste Alibi für eine solche Behauptung ist natürlich: *Ich meine es doch nur gut mit Dir!*

Aber das stimmt natürlich nicht wirklich, denn Gutes würde man dem anderen Menschen tun, wenn man ihn in seiner Meinung voll und ganz respektieren würde.

Sicherlich kennst auch Du den entrüsteten Ausruf: *Ich will Dir doch nur helfen!*

Aber ist das wirklich Hilfe, wenn man einem Menschen ungefragt eine Meinung aufdrängen möchte?

Man kann sowieso nicht die eigenen Lebenserfahrungen auf die eines anderen Menschen übertragen. Gerade im Elternhaus ist das ja besonders beliebt, da wird dann eben der Tochter von ihrem neuen Freund dringend abgeraten, weil der ja bestimmt so ein Typ Mann ist, der nichts Gutes im Schilde führt! Das weiß die Mutter natürlich ganz genau, weil sie diese Erfahrung mit „genau demselben Typ Mann" schon vor 20 Jahren gemacht hat.

Das ist natürlich eine völlig absurde Betrachtungsweise, die jeglicher Logik entbehrt. Meist hat das Ganze auch lediglich zum Ziel, die Tochter weiter an sich zu binden. Man kann auch als Elternteil schlecht erwarten, dass die Tochter sich für einen Mann entscheidet, der dem Idealbild der Mutter entspricht.

Aber auch im Berufsleben wollen die Kollegen einem gerne erzählen, wie man seine Ehe gestalten solle oder wie man mit seiner Familie umzugehen hat usw.

Im Grunde geht es immer um Bevormundung! So wie auch viele Minister in vielen Staaten ihre Bürger ständig belehren und bevormunden müssen, um sich und anderen ein Existenzrecht vorzugaukeln, so tut es auch immer wieder jedweder Besserwisser in der Zivilgesellschaft! Aber im Grunde geht es nur darum, mangelndes Selbstvertrauen zu kompensieren, denn ein wahrhaft selbstbewusster Mensch kann ganz getrost alle anderen sein lassen, wie sie sind, ohne sich durch Belehrungsversuche in den Vordergrund stellen zu müssen!

Am besten ist es, sich vollkommen aus solchen Gesprächen rauszuhalten. Wenn Dich jemand in solche Debatten verwickeln will,

antworte einfach: *Also ich halte meinen Kollegen für intelligent genug, dass er diese Entscheidung selbst treffen kann.*
Das ist das einzig Vernünftige, da die genauen Zusammenhänge nur derjenige kennt, um den es da geht, und Du als Außenstehender das niemals wirklich einschätzen kannst! Auch da sei mal wieder die Frage nach dem Nutzen gestattet. Wer hat etwas davon? Wenn Du die Handlung Deines Gegenüber respektierst, dann werdet ihr beide davon emotional profitieren!

Üble Nachrede

Schlecht über andere Menschen zu reden, sie zu diffamieren, ist eine absolut einseitige Sache, die jedem Demokratie-Verständnis zuwiderläuft. Stell Dir vor, Du stehst vor dem Richter und niemand hört sich Deine Version der Dinge an. Es wird nur die Gegenseite gehört und aufgrund derer Aussagen wirst Du nun verurteilt!

Genau dasselbe passiert, wenn Du über einen Menschen schlecht redest! Dein Gesprächspartner hört nur Deine Auslegung der Ereignisse und verurteilt nun deswegen eine andere Person, ohne die Sichtweise des anderen jemals gehört zu haben.

Angenommen Dein Chef hat sich heute nicht so verhalten, wie Du es gerne hättest. Nun kommst Du nach Hause und erzählst Deinem Partner den Sachverhalt aus Deiner Perspektive. Da er nur Deine Sicht der Dinge kennt, wird er Dir natürlich recht geben. Später telefonierst Du noch mit Deiner Mutter und erzählst ihr nun noch einmal in aller Ausführlichkeit diese Angelegenheit. Natürlich wird auch sie Dir zustimmen, da sie nur Deine Ausführungen dazu kennt. Was ist jetzt geschehen?

Im Grunde ist es einfach: Du hast davon nicht den geringsten Nutzen! Da Du das Negative nun noch zweimal weiterverbreitet hast, wird es sich natürlich vermehren. Nun denken auch Dein Partner und Deine Mutter schlecht über Deinen Chef. Wenn einer von ihnen mal Deinem Vorgesetzten begegnet, vielleicht auf einer Betriebsfeier oder wenn er Dich von der Arbeitsstelle abholt, wird das Verhalten ihm gegenüber befangen sein. Derjenige wird Deinem Arbeitgeber jetzt nicht völlig unvoreingenommen begegnen können, es wird eine Distanz bestehen, die aber ausschließlich auf Hörensagen aufgebuut ist. Sicher kennst Du das auch, wenn Du Streit mit jemanden hattest, vielleicht mit Deinem Partner, und dann begegnest Du später einem Elternteil Deines Lebensgefährten und Du spürst eine greifbare Abneigung, und schon deswegen weißt Du, dass Dein Partner sehr negativ über Dich gesprochen hat.

Der Vorfall ist vielleicht schon längst wieder bereinigt, aber das negative Bild bleibt bei den anderen bestehen. Es ist unauslöschlich, aber Du warst es, der es in die Welt gesetzt hat. Du hättest Deinem Partner genauso gut sagen können, dass es nicht so Dein Tag war, ohne die momentane Wut auf Deinen Arbeitgeber zu erwähnen. Du könntest Deine Familie einfach bitten, Dir etwas Schönes zu erzählen, weil Dein Tag nicht der beste war. Es macht keinen Sinn, das Negative wiederzukäuen, dadurch werden Deine Gefühle nicht besser. Im Gegenteil, durch die Wiederholung werden Sie nun noch negativer werden. Diese schlechten Gefühle verfestigen sich nun in Deinem Unterbewusstsein.

Die Sache als solche hat sich natürlich auch nicht verbessert. Was auch immer die Ursache Deines Verdrusses war, diese negativen Berichterstattungen haben ja nun keine Lösung des Problems gebracht. Eher im Gegenteil, Du gehst am nächsten Tage mit noch mehr Ungerechtigkeitsbewusstsein zur Arbeit, weil Dein Partner sowie Deine Mutter Dich darin bestätigt haben, dass der Fehler selbstverständlich bei Deinem Boss gelegen hat und nicht bei Dir! Falls andere Menschen zu Dir kommen und negativ über ihre Mitmenschen berichten wollen, so tust Du Dir selbst einen Gefallen damit, Dir das gar nicht erst anzuhören. Du könntest einfach das Thema hin zu etwas Positivem wechseln oder zu Deinem Partner sagen: *Ich sehe, Dein Tag war nicht der beste, aber das ändern wir jetzt!* Nun könntest Du z. B. mit ihm ausgehen oder ihm ein schönes Abendbrot bereiten.

Eines Tages kam einer zu Sokrates und war voller Aufregung. "He, Sokrates, hast du das gehört, was dein Freund getan hat? Das muss ich dir gleich erzählen."
"Moment mal", unterbrach ihn der Weise.
"hast du das, was du mir sagen willst, durch die drei Siebe gesiebt?"
"Drei Siebe?" fragte der Andere voller Verwunderung.
"Ja, mein Lieber, drei Siebe. Lass sehen, ob das, was du mir zu sagen hast, durch die drei Siebe hindurchgeht.
Das erste Sieb ist die Wahrheit.
Hast du alles, was du mir erzählen willst, geprüft, ob es wahr ist?"
"Nein, ich hörte es irgendwo und . . ."
"So, so! Aber sicher hast du es mit dem zweiten Sieb geprüft. Es ist das Sieb der Güte.
Ist das, was du mir erzählen willst
- wenn es schon nicht als wahr erwiesen ist -,
so doch wenigstens gut?"
Zögernd sagte der andere: "Nein, das nicht, im Gegenteil . . ."
"Aha!" unterbrach Sokrates. "So lass uns auch das dritte Sieb noch anwenden und lass uns fragen, ob es notwendig ist, mir das zu erzählen, was dich erregt?"
"Notwendig nun gerade nicht . . ."
"Also", lächelte der Weise, "wenn das, was du mir erzählen willst, weder erwiesenermaßen wahr, noch gut, noch notwendig ist, so lass es begraben sein und belaste dich und mich nicht damit!"

Die moralische Überlegenheit

Moralisch überlegen ist natürlich immer derjenige, der auf der Seite des Guten ist. Das ist so weit erst mal leicht verständlich.
Heute kann man häufig beobachten, dass sich Umweltverbände, Gewerkschaften, Parteien sowie andere Organisationen in moralischer Überheblichkeit suhlen. Auch die westliche Welt glaubt, durch ihre Lebensweise eine Überlegenheit gegenüber anderen Kulturkreisen zu besitzen. Diese anderen Kulturkreise glauben aber ebenfalls, der westlichen Welt moralisch überlegen zu sein.
Mit diesem Glauben, man selbst sei der einzig wahren Ideologie anheimgegeben, werden dann sogar Kriege, Folter oder Morde gerechtfertigt. Wir sind die Guten, wir tun das ja nur, um eine bessere Welt zu schaffen. Auf der anderen Seite steht dann der Islamist, der glaubt, dass er das unverfälschte Wort Gottes vor sich herträgt. Auch er ist tief in seinem Herzen der Gute, selbst wenn er andere Menschen im Namen des heiligen Krieges tötet. Schließlich kämpft er ja nur gegen die moralische Verwerflichkeit des Westens. Und auch er rechtfertigt damit Folter und Mord.
Nun, wenn man versucht, dies frei von Ideologie zu betrachten, muss man feststellen, dass eigentlich beide Recht haben, was ihre Moral betrifft. Nach welchem Maßstab sollte man denn jetzt Moral oder Ethik messen? Nach dem der westlichen Welt? Hält das, was der Westen tut, seiner eigenen Moral stand? *Du sollst nicht töten*, steht in einem seiner Gebote. Aber er tötet und begründet das mit Moral?

Der Islamist tötet auch und nicht nur Ungläubige, sondern er tötet auch andere Muslime, nur weil sie einer anderen religiösen Strömung angehören, auch das hält seiner eigenen Moral nicht stand! Im Grunde geht es um Macht und deren Ausübung.

Natürlich klingt es besser, im Namen seiner ethischen Wertmaßstäbe zu töten als im Namen von Geld und Macht. Zumindest kann man es dem Wahlvolk, falls es denn eines gibt, so besser verkaufen.

Wenn man es aber genau betrachtet, ist niemand gut und niemand ist schlecht. Alle sind nur von dem überzeugt, wie sie selbst geprägt wurden, von ihrer eigenen Meinung.

Oft wird es so dargestellt, dass es richtig ist, den Bösen zu töten. Ist er nun schlecht, weil er sein Leben an anderen Maßstäben orientiert als der Papst? Ist es wirklich so einfach?

Aus diesem Grunde haben auch beide Unrecht! Es gibt keine Ideologie, die besser ist als eine andere. Es ist eine Meinung, weiter nichts! Stell Dir vor, nun würde der Jazzliebhaber auf den Rockfan losgehen und ihn zu töten versuchen, weil dieser keinen Jazz mag. Das wäre absolut lächerlich, und vermutlich würde dieser Mensch in der Psychiatrie landen. Meiner Ansicht nach ist es das Absurdeste, was es gibt, zu glauben, alle Personen sollten das Gleiche mögen und alle sollten nach gleichen Maßstäben leben. Wozu? Wer hat etwas davon? Warum kann nicht jeder Mensch das glauben und danach leben, wie er selbst es für richtig hält?

Wenn Du in einer muslimischen Familie in einem Kriegsgebiet wie Afghanistan oder dem Irak aufgewachsen wärst, glaubst Du wirklich, Du würdest derselbe sein, der Du jetzt bist? Warum kritisierst Du dann denjenigen, dass er nicht so ist wie Du?
Ich bin der Meinung, man sollte Andersdenkenden mit Verständnis und Güte auf Augenhöhe gegenübertreten, anstatt mit Abneigung und Feindschaft auf sie herabzublicken und sie belehren zu wollen.
Die einzige Ideologie, die ich persönlich für die einzig wahre halte, ist die, zu erkennen, dass alle die Guten sind. Nun sollte man jedem mit Liebe und Respekt begegnen und auf friedlichem Wege Lösungen finden, die allen gerecht werden. Das können natürlich nur Lösungen sein, die dem anderen seine Autorität und seinen Glauben lassen. Dies funktioniert nur dann, wenn man dieses „gut und böse"-Denken überwindet und erkennt, dass alle die Guten sind und es keine moralische Überlegenheit gibt.
Es ist natürlich nicht nur bei der großen Politik so, es fängt auch schon im Kleinen an, dass der Rassist oder der Nationalist glaubt, er selbst sei mehr wert als ein Angehöriger einer anderen Rasse oder Nation. Wenn ich denn schon so ein Niemand bin, dann bin ich doch wenigstens ein Franzose, Amerikaner, Türke oder Deutscher und fühle mich nun einen Menschen aus einem anderen Land überlegen. Oder ich habe ein bestimmtes Geschlecht oder eine bestimmte sexuelle Ausrichtung und fühle mich Personen mit anderem Geschlecht oder anderer Neigung überlegen.

„Gott ist voller Verzeihung und Vergebung.“
- Koran: Sure 22, 60 -

Auch diese Ansicht ist wieder ausnahmslos auf mangelnde Selbstliebe und das daraus resultierende geringe Selbstwertgefühl zurückzuführen. Es mutet schon etwas erbärmlich an, wenn ich mich so gering fühle, dass ich mich mit etwas aufwerten muss, worauf ich eigentlich gar keinen Einfluss habe. Ich kann Leuten, die diese hasserfüllte Einstellung teilen, nur dazu anraten, den VIS-FOR-LO® Lifestyle zu praktizieren, und diese negativen Gefühle, die ja nicht selten in Aggression ausarten, werden ziemlich schnell verschwinden.

Nun könnte aber jemand sagen: *Der Drogendealer oder der Waffenhändler, das sind doch nun wirklich schlechte Menschen mit einem verachtenswerten Verhalten!* Aber man kann es auch so sehen, dass jedem Händler ein Abnehmer zugrunde liegen muss, sie befriedigen einen Bedarf, genauso wie die Tabakindustrie oder der Waschmittel-Hersteller es ebenso tun. Warum werden eigentlich Drogendealer immer als schlechte Menschen wahrgenommen? Das ist so, weil sie weltweit in den Medien verurteilt werden, in jedem Spielfilm werden sie als schmierige, unsympathische, unterbemittelte und gewalttätige Menschen dargestellt. Aber wenn man mal auf der anderen Seite sieht, wer nicht schon alles Drogen genommen hat, da sind die US-Präsidenten Barak Obama, Georg W. Bush und Bill Clinton, die schon eine Drogenbeichte abgelegt haben, Größen aus der Wirtschaft wie Steve Jobs, Supersportler wie André Agassi taten das ebenso, und in der Künstlerszene scheint es fast schon zum guten Ton zu gehören, früher mal Drogen konsumiert zu haben. Glaubst

Du nun wirklich, dass all diese Menschen zu solch gewalttätigen, schmierigen Typen gegangen sind, um sich ihr Marihuana oder Kokain zu besorgen?
Der Drogendealer tätigt ebenso ein Geschäft wie der Kioskbesitzer an der Ecke, auch der verkauft zu großen Teilen Alkohol und Zigaretten. Klar steht der Drogendealer nicht im Einklang mit dem Strafgesetz vieler Länder. Aber wir wissen auch, dass die strenge Drogengesetzgebung in vielen Staaten zu wanken beginnt. Wo es einen Bedarf der Menschen gibt, da wird sich auch jemand finden, der diesen Bedarf befriedigt! Daran ist nun einmal nichts zu ändern, und warum sollte man es auch ändern? Weil das, was da jemand zu seinem Bedarf zählt, andere nicht mögen oder als schlecht betrachten? Ich denke, dass sollte jeder Mensch für sich selbst entscheiden.
Bestimmt kennt jeder das Szenario aus Spielfilmen, wo der Sohn an einer Überdosis Drogen stirbt und nun der Vater loszieht, um den Drogendealer zu finden und auf ziemlich grausame Art zu töten. Dort wird die Moral einfach weit über den gesunden Menschenverstand und über das Strafgesetz gestellt. Es ist doch relativ einfach zu verstehen, dass der Sohn sich diese Drogen für viel Geld selber besorgt hat und diese dann auch noch persönlich in irgendeiner Form seinem Körper zugeführt haben muss. Solche Filme sollen uns jetzt vermitteln, dass, wenn Du auf der richtigen Seite der Moral stehst, Du Deinen Hassgefühlen freien Lauf lassen sollst und Du selbst noch als Mörder der Gute bist.

Ich möchte darauf verweisen, dass solche Handlungsweisen nicht der ideale Weg sind, denn zum Ersten hat auch der Drogendealer einen Vater oder Bruder, der nun seinerseits losziehen könnte, um grausame Rache zu üben, und zum Zweiten ist das mit Sicherheit nicht der richtige Weg, um Dein Seelenheil zu finden.

Deinen inneren Frieden findest Du viel eher, indem Du erkennst, dass Menschen für ihre Taten selbst verantwortlich sind und jeder zumindest auch das moralische Recht hat, Drogen zu konsumieren. Dass jeder die Befugnis hat, an das zu glauben, was er selbst für richtig hält. Dass es Dich nichts angeht, wie andere Familien ihr Zusammenleben organisieren und dass die Einmischung von außen noch niemals die Harmonie gefördert hat, weder in Familien noch in der Angelegenheit von Nationen und Staaten.

Wenn Du anderen Menschen vergibst, wenn Du die Welt mit Liebe und Verständnis betrachtest, Dich nicht in die Obliegenheiten anderer einmischst, dann bist Du auf dem richtigen Wege, um Glückseligkeit in Dein Leben zu bringen.

„Man soll niemals Falsches mit Falschem erwidern, sondern ehrenhaft gegen jene handeln, die einen unrecht behandelt haben.“

- Markandeya -

Angst

Angst ist der Hauptgrund dafür, wenn der eine den anderen nicht so sein lassen will, wie er ist.
Es ist die Furcht, der andere könnte mir meinen Machtanspruch streitig machen. Es ist Angst, die einen glauben lässt, der andere könnte so stark werden, dass er mich vernichtet.
Furcht ist sehr oft die Ursache für Rassen- oder Ausländerhass! Es ist einfach die Angst, selbst nicht genug vom Leben zu bekommen.
Das ist der Grund, warum Menschen fremdenfeindlich sind, sie haben Angst, der Zugezogene könnte ihnen nun den Arbeitsplatz streitig machen oder das Herz der schönsten Frau im Ort erobern.
Ich möchte hier ausdrücklich feststellen, dass Angst niemals als Legitimation dienen sollte! Oftmals wird gerade mit diesem Gefühl hausieren gegangen, wenn man andere Menschen kontrollieren, bevormunden oder unterdrücken will! Wer kennt nicht diesen Ausspruch: *Ich hatte doch nur Angst um Dich!*
Da soll uns dann vermittelt werden, dass, wenn jemand Furcht hat, damit jede Tat gerechtfertigt werden kann. Und so verteidigt sich eben die Mutter, wenn sie ihrem Kind hinterherspioniert oder es mit Verboten oder Sanktionen belegt.
Die Mutter sagt „Sorgen“ dazu, damit es einen noch besseren Klang bekommt.
Aber im Grunde ist Angst immer das Motiv hinter dem Motiv!

Es ist Angst, dass Dir etwas Böses zustoßen könnte. Aber dem liegt wieder zugrunde, dass sie Angst haben, dass Du zu dumm oder naiv bist, vernünftige Entscheidungen zu treffen! Geht man die Kausalkette noch weiter zurück, kommt man natürlich da an, dass sie Angst haben, dass sie selbst bei der Erziehung ihrer Kinder versagt haben könnten!

Was glaubst Du, warum einige Diktatoren ihr Volk unterdrücken, einsperren und bevormunden? Im Grunde ist es Furcht vor Machtverlust.

Angst ist wie eine Seuche, diese vermehrt sich durch Wortwechsel, durch die Medien wie ein Lauffeuer. Angst ist hochgradig ansteckend.

Grundsätzlich ist es auch diese Furcht, die dafür verantwortlich ist, dass Menschen wie gebannt auf das starren, was sie nicht wollen!

Diese Angst hypnotisiert die Menschen.

Aber der wahre Grund für diese Angst ist immer mangelndes Selbstwertgefühl!

Und dagegen kann man etwas tun! Ich dachte früher, als ich noch sehr wenig Selbstsicherheit besaß, auch immer, dass mir jemand anderer das Erwünschte wegnehmen könnte, aber wenn Du den großen Wert Deiner selbst erkannt und verinnerlicht hast, dann wird keinerlei Angst mehr in Deinem Leben sein, und Du wirst erkennen, dass die Welt ein wundervoller Ort ist, an dem es sich großartig leben lässt!

Die Lösung besteht darin, dieses Selbstwertgefühl bewusst zu verbessern, dann wird die Angst verschwinden, man wird sich dadurch weniger auf das Unerwünschte ausrichten, und man wird dadurch immer glücklicher! Tag für Tag ein klein wenig!
Du solltest erkennen, dass, wenn Du Angst hast, nun nicht die anderen Menschen ihr Verhalten ändern müssen, damit Du keine Furcht mehr verspürst! Du solltest bestrebt sein, Dich selbst zu ändern, damit Du keine Angst mehr hast!
Denn andersherum ist gar nicht möglich, niemand kann erwarten, dass andere Personen ihr Verhalten ändern, damit Deine Angst verschwindet. Sie würde auch nicht verschwinden, denn Deine Angst war zuerst da! Diese Furcht hast Du nur auf das Verhalten Deiner Mitmenschen projiziert! Also ist diese Angst die Ursache, die Du beseitigen musst. Wenn Du sie überwunden hast, wird Dich das Verhalten Deiner Mitmenschen auf einmal nicht mehr ängstigen!

Bewusste Entscheidung?

Deine Entscheidungen triffst Du viel weniger mit Deinem Kopf als Du denkst, Du triffst sie immer mit dem Blick durch die Brille der Summe aller Deiner vergangenen Erfahrungen.
Kennst Du auch den Spruch, dass Du immer Deinem Herzen folgen sollst? Ich weiß, dieser Spruch ist sehr beliebt, aber dennoch ziemlich schlicht, weil jeder Mensch prinzipiell immer seinem Herzen folgt, etwas anderes ist gar nicht möglich! Selbst wenn jemand seinem Verstand folgt, ist es sein Herz, das ihm dazu geraten hat, seinem Verstand zu folgen. Mit Herz ist in diesem Falle ja auch nicht das muskuläre Hohlorgan gemeint, das Dein Blut pumpt, sondern Dein Unterbewusstsein, das jeden Gedanken Deines Lebens speichert. Also sein Herz sagt dem Verstandesmensch, dass es besser ist, auf seinen Intellekt zu hören als auf sein Herz, also hört er auf seinen Verstand und ist somit dem Ruf seines Herzens gefolgt!
Viele behaupten, dass die innere Stimme Dein wichtigster Wegweiser ist! Auch wenn es weitverbreitetes Gedankengut ist, möchte ich dem widersprechen!
Wenn man sich intensiv darüber Gedanken macht und die Menschen beobachtet, kommt man zu dem Schluss, dass die innere Stimme oder der Ruf Deines Herzens einfach nur Impulse sind, die aus Deinem Unterbewusstsein emporsteigen. So wird ein Mensch, der negativ gegenüber Geld geprägt ist, der ein Mangelbewusstsein hat, von seiner inneren Stimme immer den Weg aufgezeigt

bekommen, auf dem er weiterhin arm bleibt. Jemand mit einer positiven Prägung gegenüber Finanzen wird spielend Wege gehen, auf denen er noch reicher wird – auch er folgt der Stimme seines Herzens.

Als bei Steve Jobs im Herbst 2003 Krebs diagnostiziert wurde, da hörte auch er auf sein Herz und ließ sich nicht von den weltbesten Ärzten behandeln, sondern er probierte neun Monate lang alternative Heilmethoden aus, Akupunktur, Fruchtsäfte, Nahrungsergänzungen aus dem Internet.

Der Apple-Gründer nahm den Kampf gegen die Krankheit so auf, wie er sich jahrzehntelang als Geschäftsmann und Erfinder sehr erfolgreich verhalten hatte: Er schwamm gegen den Strom.

Warum tat er das? Weil seine innere Stimme ihm das sagte! Er war sehr siegreich damit, anders zu sein als andere, ihm haben wir dadurch große Innovationen zu verdanken! Das prägte sein Unterbewusstsein und er glaubte daran, dass es in jedem Falle gut sei, nicht dem Althergebrachten zu folgen.

In diesem Falle wäre reines Kopfdenken oder das Hören auf die Ärzte und seine Frau sicherlich angebrachter gewesen.

Was ist Intuition? Intuition ist Deine innere Stimme, und diese basiert immer auf den Inhalten Deines Unterbewusstseins! Wenn diese Inhalte bedingungslos auf Gesundheit, Glück und Wohlstand ausgerichtet sind, so folge Deiner inneren Stimme. Sind sie es nicht, kann Dich diese Stimme schon mal zu Armut, Unglück oder sogar dem Tod führen!

„Lassen Sie nicht zu, dass der Lärm fremder Meinungen Ihre eigene innere Stimme übertönt. Und vor allem haben Sie Mut, Ihrem Herzen und Ihrer Intuition zu folgen.“

- Steve Jobs -

Die Qualität Deiner inneren Stimme ist immer synchron mit der Qualität der Inhalte Deines Unterbewusstseins!
Fazit: Hätte Steve Jobs nicht auf seine innere Stimme gehört, sondern auf seine Ärzte, würde er vermutlich noch leben.
„Er spürte wohl, dass er sich viel früher hätte operieren lassen sollen“ und *„er wollte unbedingt darüber sprechen, wie sehr er die Entscheidung bedauerte“*, sagte später sein Biograph Walter Isaacson.
Aber der großartige Erfinder, Geschäftsmann, Visionär und Milliardär Steve Jobs konnte nicht anders handeln, weil eben sein Unterbewusstsein so geprägt war. Was ich damit sagen will, ist, dass Deine innere Stimme nicht unbedingt wertvoll sein muss, auch wenn es alle Welt so behauptet. Deine innere Stimme ist nur ein Widerhall der Prägungen Deines Unterbewusstseins. Wenn Du die Inhalte Deines Inneren verbesserst, dann wird auch Deine innere Stimme immer wertvoller und es macht wirklich Sinn auf Dein Herz zu hören.
Genauso kann auch niemand auf dieser Welt irgendetwas neutral oder nüchtern betrachten, dass ist aufgrund der Programmierung seines Unterbewusstseins gar nicht möglich. Um wirklich unparteiisch zu sein, müssten wir ein Unterbewusstsein ohne Erfahrungsschatz haben, und so etwas gibt es nun mal nicht! Wenn Dir jemand von einem Ereignis berichtet, sagt er Dir eigentlich gar nicht, wie es sich tatsächlich zugetragen hat, sondern eher wie er es empfunden hat, was dort vor sich gegangen ist.

Selbst ein Kleinkind greift in seinen Handlungen schon auf Erfahrungen zurück!

Genau genommen ist eine Erfahrung ein Vorurteil.

Angenommen Du gehst in eine Gaststätte und wählst dort ein bestimmtes Gericht aus. Du glaubst jetzt, dass Du das bewusst getan hast, dass es Deine freie Entscheidung war, aber ist das wirklich so? Ist es nicht vielmehr eine Entscheidung, die zu fast 100 % auf Deiner Prägung beruht? Hättest Du mit einem völlig anderen Erfahrungsschatz vielleicht ein völlig anderes Essen gewählt? Oder hättest es gar abgelehnt, überhaupt in dieses Lokal einzukehren? Würdest Du die gleiche Speise auswählen, wärest Du in Saudi-Arabien bei streng muslimischen Eltern aufgewachsen? Wären Deine Eltern Milliardäre, hättest Du wirklich dieses Lokal gewählt? Oder stellen wir uns vor, Dir wurde als Kind eine Speise vorgesetzt, die Dir wirklich abscheulich schmeckte. Vielleicht hatte der Koch nicht viel Erfahrung in seinem Beruf und hat sich im Gewürzregal vergriffen. Dennoch zwangen Dich Deine Eltern, alles aufzuessen. Von nun an ist in Deinem Unterbewusstsein abgespeichert, dass diese Speise nicht schmeckt, obwohl sie Dir vielleicht, richtig zubereitet, gut munden würde. Du lehnst sie nicht ab, weil es Deine bewusste Entscheidung ist, sondern aufgrund Deiner Erfahrungen!

Genauso ist es bei der Partnersuche, auch das Bild Deines Idealpartners ist auf Prägungen in Deiner Kindheit zurückzuführen. Wärest Du in einem anderen Kulturkreis aufgewachsen, hätte das Bild von Deinem Traummann oder Deiner

Idealfrau eine völlig andere Struktur.

So heißt es auch immer: *Wenn jemand etwas wirklich will, dann kann er es auch!* Aber wir haben eben nicht den freien Willen darüber, was wir wollen! Niemand kann sich hinstellen und ernsthaft sagen: *In Ordnung, dann will ich eben etwas anderes.*

Sicher sind Dir auch Sprüche geläufig wie: *Du musst mehr Ehrgeiz entwickeln!*

Aber wie soll bitte ein Mensch für etwas Ehrgeiz entwickeln, wenn er auf diese Sache nun mal überhaupt keine Lust hat? Es ist einfach keine bewusste Entscheidung, niemand kann wirklich auf Bestellung eine Meinung ändern, jemanden lieben, Ehrgeiz für irgendetwas entwickeln oder bestimmte Wünsche haben. Oft ist bei Suchtkranken davon die Rede, dass sie es wirklich wollen müssen, dann könnten sie sich von ihrer Sucht befreien. Aber niemand kann ihnen sagen, wie sie das eigentlich anstellen sollen, das wirklich zu wollen, wenn sie es eigentlich eben gerade nicht möchten!

Gewiss kennst Du auch die Redensart, dass man niemals die Hoffnung aufgeben darf. Aber natürlich ist weder Hoffnung noch Hoffnungslosigkeit eine spontane Kopfentscheidung. Menschen, die verlangen, dass jemand Ehrgeiz entwickeln soll, etwas endlich einsehen möchte oder nun etwas wirklich wollen oder die Hoffnung nicht aufgeben sollte, werfen nur mit leeren Worthülsen herum, ohne sich jemals darüber Gedanken gemacht zu haben, was sie da eigentlich für einen Unfug reden!

Deine Konditionierung ist dafür verantwortlich, was Du magst, was Dir egal ist usw. Das ist nun mal so, Du kannst es nicht auf Bestellung ändern, weil ein anderer es von Dir erwartet.
Unser Handeln ist immer langfristig ausgelegt, niemals hast Du einen freien Willen über eine kurze Handlung, Du kannst nur die Inhalte Deines Unterbewusstseins verändern und wirst dann aufgrund dieser Veränderung andere Handlungen tätigen.
Aber auch dazu benötigst Du einen Wunsch!
Denn wenn Du etwas tust, machst Du es, weil es in diesem Moment für Dich richtig ist; es ist aber nur für Dich richtig, weil es den Inhalten Deines Unterbewusstseins entspricht.
Das Gehirn ist nur der Diener des Unterbewusstseins, dieses ist wie Festplatte inklusive Betriebssystem und aller Programme, das Gehirn ist lediglich der Arbeitsspeicher.
Den allergrößten Teil, den Du tust, machst Du aufgrund der Prägung Deines Unterbewusstseins und nicht als völlig freie Entscheidung!
Das spielt für Dein eigenes Verhalten nicht so eine große Rolle. Ich meine, es ist ja relativ egal, warum Du etwas nicht magst oder warum Du etwas besonders gern hast. Ja, es ist so aufgrund Deiner Prägung, aber eigentlich hat es eine untergeordnete Bedeutung.
Bedeutungsvoll wird es erst bei dem Verhalten Deiner Mitmenschen, dass Du erkennst, dass sie sich nicht so benehmen, um Dich zu ärgern, sie tun es auch nicht, weil sie unwillig sind, sich an irgendwelche Normen zu halten. Sie machen es, weil sie -genau wie

Du- nun mal so sind, wie sie sind. Sie wollen ihr Verhalten nicht ändern, und selbst wenn sie es wollten, sie können es gar nicht!
Sonst könntest Du ja auch zu dem Übergewichtigen sagen: *Iss doch einfach weniger!* Und er erwidert Dir: *Mensch danke! Super Idee, warum bin ich selbst noch nicht darauf gekommen?* Und nun tut er es, isst dauerhaft weniger und hat in kurzer Zeit sein Idealgewicht!
Aber er tut es eben nicht! Warum kann er solch eine einfache Handlung wie die Nahrungsaufnahme nicht verändern? Er soll ja jetzt kein Chinesisch lernen, für die Schachweltmeisterschaft trainieren oder auf einem Seil tanzen, nein, er soll einfach nur etwas weniger essen als sonst und fette Speisen durch magere ersetzen. Warum bekommt er das nicht hin?
Er bekommt das nicht hin, weil seine Ernährung seiner Prägung entspricht. Er ist es gewohnt, so zu essen, und deswegen tut er das!
Deine Programmierung ist unbezwingbar! Deswegen ist es wichtig, dass Du nicht versuchst, sie zu bekämpfen – Du musst sie verändern! Wenn Du versuchst, die Inhalte Deines Unterbewusstseins zu besiegen, dann wirst Du scheitern, und es wird ein langer, harter Kampf werden. Wie viele Übergewichtige kennst Du denn, die dauerhaft schlank geworden sind mit irgendwelchen Diäten?
Sei doch mal ehrlich, die meisten kämpfen ihr halbes Leben gegen ihre Pfunde und dieser Kampf ist nicht gerade angenehm, es ist ein ständiger Wechsel von kräftezehrenden Diäten, wo man irgendetwas isst, was man eigentlich nicht essen möchte, und anfallartigen

Essensattacken mit anschließenden Schuldgefühlen.
Deswegen wird Dir die bewusste Entscheidung, jetzt abnehmen zu wollen, einfach nicht besonders viel bringen. Du solltest beginnen, den VIS-FOR-LO® Lifestyle zu praktizieren, das ist eine bewusste Entscheidung, die Du auch in die Tat umsetzen kannst, weil sie nicht gegen die Inhalte Deines Unterbewusstseins ankämpft.
Durch den VIS-FOR-LO® werden diese inneren Prägungen dann langsam, aber unaufhaltsam transformiert, und Du wirst in die Lage versetzt, vollkommen ohne Anstrengung Dein Idealgewicht zu bekommen!
Dass Du dieses Buch gerade liest, ist Beweis genug, dass Du den Willen hast, etwas zu verändern, deswegen ist es für Dich auch nicht besonders schwer, jetzt diesen Lifestyle zu beginnen. Wenn jemand solche Bücher nicht mag, obwohl er unzufrieden mit seinem Leben ist, zwinge es ihm auch nicht auf, es wäre sinnlos. Du kannst ihm das Buch ausleihen, aber wenn er es nicht liest, dann belasse es dabei, wichtig ist für Dich, dass Du Dein Leben verbesserst, nicht das Leben der anderen, dafür sind sie selbst zuständig! Jeglicher Versuch Deinerseits, den anderen zu überzeugen, ist Willkür und verstößt gegen seine Autonomie. Verbessere Dein Leben und sei damit ein leuchtendes Beispiel für Deine Bekannten. Wenn Dir jemand nacheifern möchte, unterstütze ihn, so gut es geht, aber wenn er lieber in seiner Negativität bleibt, lasse auch ihm seinen freien Willen, respektiere diese Meinung und begegne ihm mit Liebe und Wohlwollen auf Augenhöhe!

Toleranz ist nicht genug

Toleranz ist ja in unserer Zeit in aller Munde, jeder kann Dir erzählen, wie wichtig es ist, tolerant zu sein. Die Toleranten sind dann natürlich immer die Guten. Aber Toleranz ist lediglich, dass Du etwas duldest, was Dir eigentlich nicht gefällt. Deswegen möchte ich Dir die totale Akzeptanz nahebringen.

Wenn Du zähneknirschend tolerierst, was ein anderer tut, dann hast Du ebenso schlechte Gefühle dabei, als würdest Du es verurteilen. Im Grunde kritisierst Du es auch, Du sprichst es lediglich nicht aus. Du sagst also: *Ich finde es überhaupt nicht gut, was der da tut!* Es löst schlechte Gefühle in Dir aus, aber Du lässt ihn gewähren, denn Du bist ja tolerant.

Dann hat natürlich der andere einen Nutzen davon, es ist schon sinnvoller, als wenn Du ihn wegen seiner Handlungsweise offen verurteilen würdest. Aber Du selbst hast keinen wirklichen Nutzen davon, denn Du betrachtest seine Handlungsweise und fühlst Dich schlecht!

Wie wir ja bereits festgestellt haben, besteht unser Ziel darin, uns unentwegt gut zu fühlen, um somit ein wunderbares Leben genießen zu können.

Um dahin zu kommen, sollten wir anerkennen, dass das, was andere machen, nichts mit uns zu tun hat. Wenn es nichts mit uns zu tun hat, dann geht es uns eigentlich gar nichts an! Anderen ihre Meinung zu lassen, heißt, sie mit Respekt zu behandeln. Wenn Du

jemanden in seiner Ansicht bekehren willst, respektierst Du ihn nicht, sagst ihm eigentlich, dass er zu dumm ist, die richtige Entscheidung zu treffen.
Immer wieder beobachte ich Menschen, die sich ereifern über Dinge, die nicht im Ansatz ihr Leben berühren. Oftmals sind es Gegebenheiten aus den Nachrichten, da regen sie sich z. B. über den Präsidenten eines bestimmten Landes auf, was denn der nun vorhat oder gesagt hat, obwohl sie noch nicht mal auf dem selben Kontinent wohnen. Also wenn sie nicht in dem Zuständigkeitsbereich dieses Präsidenten leben, dann geht es sie doch auch nichts an, was er tut, oder?
Aber selbst wenn man in diesem Land beheimatet ist, auch dann ist es meist egal, was die Politiker sagen und tun. Ein Mensch, der seiner Herzenstätigkeit nachgeht, der seinen Traumpartner geheiratet hat, der gesund, reich und glücklich ist, was sollte es ihn scheren, was denn da gerade ein Minister gesagt hat? Es spielt in den allerwenigsten Fällen eine Rolle für das eigene Wohlergehen.
Noch weniger Relevanz für das eigene Lebensglück haben natürlich Ereignisse, die sich in fernen Ländern abspielen. Und so solltest Du Dich einfach nicht darum kümmern, Du kannst es nicht ändern, indem Du Dich negativ darauf ausrichtest.
Wenn in einem Land Bürgerkrieg herrscht - natürlich ist das grausam, aber wenn sich jetzt dort andere Staaten einmischen, Partei ergreifen und Bomben werfen, wird er dann humanitärer? Nein, er wird nur unfairer und ist meist nur von Interessen gelenkt.

Wenn Du Dich mit Deinem Partner streitest, ist das auch irgendwo ein Bürgerkrieg; wenn sich jetzt dort ein interessengelenkter Mensch einmischt und Partei ergreift, wird die Ehe dann Bestand haben? Wohl kaum, die Fronten werden noch weiter verhärtet. Es geht andere nichts an! Genauso solltest Du Dich raushalten aus den Angelegenheiten Deiner Mitmenschen! Stell Dir vor, Dein Nachbar mischt sich jetzt in Deine Ehe ein, wie würdest Du das finden? Oder er erzählt Dir, dass Du Deine Kinder nicht richtig erziehst, was würdest Du ihm erwidern?

Mein Leben hat sich in den vergangenen Jahren kontinuierlich verbessert, das hatte aber nicht im Geringsten etwas damit zu tun, wer denn gerade mein Land regiert. Das ist im Grunde völlig unerheblich, wer denn da an der Macht ist. Wenn Du Dich auf das ausrichtest, was Du in Deinem Leben wirklich möchtest, was Du liebst, und im Gegenzug andere Menschen ihr Leben gestalten lässt, wie auch immer es ihnen gefällt, dann muss sich Dein Leben grundlegend verbessern, weil Du ständig nur noch gute Gefühle empfinden wirst.

Diese guten Gefühle werden sich vermehren, weil andere Menschen Dich als angenehm empfinden werden, wenn Du sie sein lässt, wie sie sind, und Du ihnen mit einem Lächeln begegnest.

Viele sagen nun aber: *Ich kann doch nicht einfach wegschauen, wenn ich sehe, dass es einem anderen schlecht geht!* Aber das ist damit auch gar nicht gemeint.

Es gibt immer zwei Sorten von unerwünschten Dingen:

*„Frieden kannst Du nur haben,
wenn Du ihn gibst."*

- Marie Freifrau Ebner von Eschenbach -

Zum einen sind es Gegebenheiten, auf die Du einfach keinen Einfluss hast. Angenommen in einem fernen Land besteht eine erschreckend hohe Kriminalitätsrate. Du kannst Dir nun Berichte darüber ansehen, kannst Dich darüber beklagen, dass ja dort ein Menschenleben nichts mehr wert ist usw. Du kannst aber an diesen Zuständen nichts ändern! Und genau genommen geht es Dich auch nichts an, das müssen die Menschen in diesem Land selbst regeln! Du bist nicht verantwortlich für ferne Länder und wie sich deren Mitbürger verhalten, also lass es auch nicht zu, dass diese dennoch schlechte Gefühle in Dir auslösen!

Dann gibt es natürlich noch die Dinge, auf die Du einen gewissen Einfluss hast, Du beobachtest beispielsweise, dass es einem Freund nicht besonders gut geht. Nun kannst Du ihn bemitleiden, kannst ihm stundenlang zuhören, wenn er über sein Leid berichtet. Dabei wirst Du aber bemerken, dass sich Dein eigenes Gefühl zu verschlechtern beginnt, weil Du Dich auf das ausrichtest, was Du nicht willst. Mitleid ist negativ und beinhaltet keinerlei Lösung! Mitleid ist kontraproduktiv, es verstärkt das, was nicht gewollt ist!

Denn Du solltest Dich jetzt besser darum kümmern, dass es Deinem Freund besser geht, Du könntest mit ihm gemeinsam an einer Lösung seines Problems arbeiten. Damit beginnt man am besten, indem man über eine Lösung spricht, indem man sich auf den gewünschten Endzustand fokussiert. Wenn man das tut, wird man sich augenblicklich besser fühlen, als wenn man sich auf das Problem ausrichtet. Durch nachsinnen, wie schön es wäre, reden über den

„Lass das Verhalten anderer
nicht Deinen inneren Frieden stören.“
- Tendzin Gyatzho - 14. Dalai Lama -

Idealzustand, davon träumen, wie es wäre wenn, wird ziemlich schnell aus einem „völlig unmöglich“ ein „warum denn eigentlich nicht“! Und genau das ist der erste Schritt; von da an bis zu einer guten Idee, wie denn das Problem gelöst werden kann, ist es nicht mehr weit.

Durch Mitleid richtest Du niemanden auf; Du solltest an die Lösung denken, dann fühlst Du Dich gut! Du könntest über die Lösung sprechen, dann beginnt auch Dein Gegenüber, sich gut zu fühlen! Das ist zehnmal besser, als wenn Ihr Euch beide im Mitleid verbunden fühlt.

Ich denke, Du erkennst den Unterschied zwischen den beiden Handlungsweisen, die eine führt geradewegs in die Depression, denn bei ständigem Betrachten des Problems wird dieses immer größer, ein Ausweg aus dieser Situation immer unwahrscheinlicher. Der zweite Weg enthält schon von Anfang an die Lösung, weil dem Problem einfach die Energie entzogen wird, indem sich keiner mehr auf das Problem fokussiert. Dem, was man anstrebt, wird dagegen Energie zugeführt, weil sich beide darauf ausrichten.

Wenn einer Deiner Freunde Ärger mit seinen Mitmenschen hat, dann kann es schon passieren, dass er versucht, Dich dort mit zu integrieren, er möchte jetzt, dass Du für ihn Partei ergreifst.

Freunde und Bekannte wollen nun mal, dass Du sie in Schutz nimmst. Sie wollen nun gemeinsam auf den vermeintlichen Feind einschlagen. Du solltest Dich dem versagen und ihnen nahebringen, dass Du sie magst, aber Dich dennoch nicht auf ihren

Schwingungslevel von Kritik, Verachtung und Bitterkeit begeben wirst. Sie werden Dich nicht verstehen, weil sie fest davon überzeugt sind, sie seien trotz ihres Grolls die Guten. Aber Du weißt es besser, Du weißt, dass derjenige der Gute ist, der eben keine Hassgefühle in sich trägt, sondern der Verständnis und Mitgefühl für seine Mitmenschen hat, auch wenn sich diese oder deren Meinungen drastisch von ihm und seinen Anschauungen unterscheiden.

Versuche einfach, die Schlichterrolle zu übernehmen, meist wird das nicht gelingen, aber manchmal eben doch. Oftmals sind diese Leute so verbohrt von der Vorstellung, dass sie sich im ultimativen Recht befinden, dass Du nicht zu ihren Gefühlen von Liebe und Güte durchdringen kannst. Dann lass sie allein, diskutiere nicht mit ihnen, es wäre Energieverschwendung. Du darfst es nicht zulassen, dass Du nun Deine eigene gute Stimmung aufs Spiel setzt, denn damit begibst Du Dich auf das Schwingungslevel Deines Gesprächspartners von Antipathie und Unverständnis. Sie beruhigen sich meist von ganz allein. Wenn es so weit ist, leihe ihnen ein gutes Buch aus, vielleicht verstehen sie es und können dauerhaft ihren Gefühlslevel anheben und haben in Zukunft keine Konflikte mehr mit ihren Mitmenschen.

Ich glaube, ein großer Fehler besteht darin, dass Menschen immer glauben, das Verhalten ihrer Mitmenschen verstehen zu müssen. Gelingt es ihnen nicht, sich in den anderen hineinzuversetzen, lehnen sie seine Handlung ab, weil sie selbst in einer bestimmten Situation eben anders gehandelt hätten. Es ist aber absolut nicht notwendig, einen anderen Menschen zu verstehen; ihn einfach in seiner Andersartigkeit zu respektieren, sollte doch reichen. Wenn Du das versuchst und mit der Zeit immer besser darin wirst, dann erhältst Du Deinen inneren Frieden, den Du Dir schon so lange wünschst.

Die totale Akzeptanz!

Mit totaler Akzeptanz meine ich, einen anderen zu betrachten und dabei gute Gefühle zu haben, egal was er tut! Ich muss also nicht die anderen Menschen dazu bringen, sich so zu verhalten, wie ich es wünsche, sondern ich sollte mich selbst dazu bringen, ohne Groll zu akzeptieren, dass sich die anderen so verhalten, wie sie selbst es wollen, und ich das betrachten kann, ohne negative Emotionen zu verspüren.

Die meisten, die sagen, sie seien tolerant, sind es gar nicht, weil sie Vorurteile haben gegen Menschen, die nicht tolerant sind – damit sind sie es natürlich selbst nicht. Deswegen benutze ich die Worte totale Akzeptanz, um zum Ausdruck zu bringen, dass ich auch den Intoleranten mit Güte und Respekt behandle und seine intolerante Weltsicht damit toleriere.

Ich bin so, wie ich bin, und das ist gut so, und Du bist so, wie Du bist, und das ist ebenfalls gut so! Total akzeptieren tust Du dann, wenn Du den anderen so sein lässt, wie er ist, weil das seine freie Meinung und sein gutes Recht ist.

Wenn Du Dich auf Dich selbst ausrichtest, hast Du schon einen wesentlichen Teil dazu getan, andere so sein zu lassen, wie sie sind. Ein Mensch, der auf sich selbst und auf seine eigenen Handlungsweisen achtet, hat für gewöhnlich gar nicht die Zeit und sieht auch gar keine Veranlassung dazu, verurteilend, neid- oder gar hasserfüllt auf andere und ihre Handlungen zu schauen. Diese

Leute machen ihr Eigenes und sind erfüllt davon, und das macht viele einfach glücklich. Nun ist es ja einigermaßen verständlich, dass es meist unglückliche Menschen sind, die sich über Handlungen anderer ereifern. Es sind größtenteils Leute, die ziemlich frustriert sind, vom Leben enttäuscht, vergrämt wegen der vielen Ungerechtigkeiten, die sie täglich wahrnehmen. Und genau da schließt sich der Kreis. Wenn Du Dich auf Dich selbst ausrichtest, darauf, wie gut Du bist, wie richtig Du handelst, was für ein wundervoller Mensch Du bist, dann kommst Du gar nicht mehr auf die Idee, andere zu kritisieren, weil sie anders handeln als Du selbst.

Diese totale Akzeptanz, von der ich hier spreche, ist sozusagen Demokratie in Reinkultur! Ja, sie ist genau genommen die Grundlage jeglicher Demokratie, die Mutter aller Demokratien!

Man könnte sogar so weit gehen, dass derjenige, der versucht, andere von ihrer freien Meinungsäußerung abzubringen, zutiefst undemokratisch ist. Ich rede hier nicht nur von irgendwelchen Diktatoren einer Bananenrepublik, sondern ich rede von hochtechnisierten Staaten, die glauben, dass ihre Weltanschauung das Nonplusultra darstellt und sich weltweit alle so verhalten müssen. Schon das politisch Korrekte, das einem vorschreibt, welche Wahrheit man äußern darf und welche nicht oder welche Worte jemand noch gebrauchen darf, ist das absolute Gegenteil von Meinungsfreiheit. Wenn sich eine Person in der Öffentlichkeit nicht im Sinne der political correctness äußert, ist diese sofort heftigsten Angriffen von Politikern und Medien ausgesetzt. So wurde schon so manche Karriere aufgrund von ein paar ehrlich geäußerten Worten zerstört.

Ihr müsst alle so sein wie die Mehrheit, nur dann seid Ihr gut!

Aber auch diese Politiker und Medien tun einfach nur das, was sie selbst aufgrund ihres Erfahrungsschatzes für richtig oder gerechtfertigt halten.

Aber selbst wenn unsere Staatsmänner weltweit nicht in der Lage sind, eine wahre Demokratie hervorzubringen, Du solltest es schon sein, und es ist einfacher, als Du glaubst.

Als Erstes solltest Du Dich, wie schon erwähnt, auf das fokussieren, was für Dein Leben relevant ist!

Und glaub mir, 99 % der Ereignisse, die Du siehst, haben eigentlich gar keinen Bezug zu Dir und damit keinerlei Bedeutung für Dein Leben!

Ich rate Dir dazu, Dich vollständig aus Meinungen über Politik herauszuhalten. Wenn Du in einem Land reich und glücklich sein kannst, die Möglichkeiten dazu gegeben sind, dann kann es Dir egal sein, wer regiert. Ich würde sogar so weit gehen, dass es egal ist, ob in diesem Land Korruption herrscht.

Angenommen da wird in Deiner Stadt eine neue Schule gebaut. Als sie fertig ist, kommt zutage, dass der Politiker, der den Auftrag vergeben hat, bestochen wurde. Für gewöhnlich ist da immer sehr viel Aufregung im Volk, jeder am Stammtisch hat jetzt eine Meinung dazu, was man denn nun mit solchen Politikern tun sollte.

Aber diese Korruption gehört einfach nicht zu Deiner Lebenserfahrung dazu, es ist die Lebenserfahrung anderer Menschen, die daran beteiligt sind, es geht Dich nichts an. Es betrifft Dich nicht, es hat nichts mit Dir zu tun. Ich finde es wichtig, dass Du das erkennst! Worin genau liegt der Vorteil für Dich, wenn Du Dich über diesen Skandal ereiferst? Hast Du dadurch Deinen Seelenfrieden? Nein, durch die Beteiligung an solchen Diskussionen gefährdest Du diesen!
Es ist vollkommen unmöglich, dass eine Regierung eines Landes so arbeitet, dass es alle seine Bürger zufriedenstellt, also lass die Kritik, nimm es so, wie es ist, und mach das Beste daraus. Solange Du die Arbeit der Politiker bemängelst, richtest Du Dich auf die Dinge aus, die Du nicht möchtest, Du schürst Deine eigene Angst, dass die Dinge sich zu Deinen Ungunsten entwickeln könnten.
Angenommen die Politiker handeln Deiner Meinung nach falsch, dann wähle das nächste Mal andere. Sind wieder dieselben an der Macht, in Ordnung, dann gehörst Du einer Minderheit an, kümmere Dich einfach nicht mehr um Politik, das ist für Dein Seelenheil besser, als Dich über Politik zu ärgern. Ich möchte zum wiederholten Male hervorheben, dass es Dir darum gehen sollte, ein sehr erfülltes Leben zu genießen, und nicht darum, andere daran zu hindern, nach ihren Maßstäben zu handeln!
Du hast nichts davon! Diejenigen, die sich auf das konzentrieren, was sie nicht wollen, benutzen einen anderen Menschen oder eine

Institution als Ausrede dafür, dass es ihnen nicht gelingt, ein wunderbares Leben zu führen.

Es geht niemals darum, gegen irgendeinen Staat oder gegen die Regierung zu kämpfen, es geht immer nur darum, gegen Dich selbst zu kämpfen, gegen Deine eigenen Gefühle der Unzulänglichkeit. Wenn es in Deinem Staat erlaubt ist, glücklich zu sein, reich zu werden, ohne viel zu arbeiten, was willst Du dann noch mehr von dieser Regierung?

Da es auch z. B. im Iran oder in Kuba reiche, glückliche Menschen gibt, die sich nicht politisch engagieren ist Beweis genug, dass es auch dort möglich ist und die Regierung dem nicht im Wege steht! Aber diese Reichen aus diesen Ländern haben bestimmt nicht ihren Fokus darauf gerichtet, was denn der Staat falsch macht oder ob ein Politiker korrupt ist! Sie haben danach geschaut, was sie selbst besser machen können, und haben es umgesetzt.

Du kannst nicht die Erfahrungen und die Handlungen aller anderen Menschen kontrollieren, auch wenn viele das gerne so hätten – es funktioniert einfach nicht! Stell Dir vor, jeder würde jeden kontrollieren wollen. Das wäre ein unendliches Gerede, was denn andere nun richtig oder falsch machen, und im Grunde ist oftmals genau das unsere heutige Realität! Aber Du kannst Dich dem verweigern!

Es ist ratsam, sich einfach nicht darum zu kümmern, denn wenn Du es nicht kontrollieren kannst, wenn Du es nicht ändern kannst, wozu sich dann darüber aufregen, wozu negative Emotionen produzieren?

Die Schule wurde gebaut, alles ist gut! Es sei denn, Du bist selbst Bauunternehmer und hast Dich an dieser Ausschreibung mit Deinem Unternehmen beteiligt, dann könntest Du vor Gericht klagen. Ansonsten kann es Dir völlig egal sein, und Du solltest in keinem Falle Deine kostbare Energie darauf verwenden, dass ja nun dieser Politiker der Böse ist. Er ist eben, wie er ist, auch er konnte aufgrund seiner Prägung und seines Erfahrungsschatzes nicht anders handeln. Das heißt jetzt nicht, dass man es gut finden muss, was er tat, man muss es einfach nur respektieren, dass der Politiker in dem Augenblick, als er es tat, es für die beste Möglichkeit gehalten hat. Er fand es gut, richtig oder zumindest notwendig, so zu handeln!

Die meisten, die sich darüber aufregen, tun immer so, als würden sie persönlich einen Verlust davontragen, aber im Grunde hat noch nicht mal der Staatshaushalt einen Schaden! Eine Einbuße hat lediglich der Unternehmer, der diesen Auftrag nun nicht bekam. Im Grunde trägst Du nur dann einen Verlust davon, wenn Du Dich darüber ereiferst, dann verlierst Du Deine gute Laune. Es wird niemals eine Welt ohne Bestechung geben, also macht es für Dich keinen Sinn, Dich darüber zu erregen und damit Deinen inneren Frieden aufzugeben.

Du möchtest, dass sich andere anders verhalten, damit Du Dich selbst gut fühlst. Was ist, wenn dieser Politiker jetzt abgesetzt wird, und dann kommt ein neuer an seine Stelle? Ist der jetzt besser? Vielleicht, vielleicht auch nicht! Womöglich ist der sogar noch schlimmer, wer weiß das schon vorher? Was hast Du davon, wenn Du Dich darüber ereiferst, was hat jemand anderer davon, wenn Du Dich darüber aufregst? Ist jetzt irgendwer glücklicher auf dieser Welt, weil Du Dich darüber ärgerst?

Es gibt beim Ärgern keinen Gewinner!

Viele Menschen denken, sie könnten das Böse auslöschen, wenn sie es nur lange genug bekämpfen. Sie glauben, wenn alle Bösen vernichtet sind, gibt es nur noch gute Menschen. Aber das ist ein Trugschluss: Wenn all die Schlechten vernichtet sind, haben die Guten soviel verurteilt, Hass geschürt und gar getötet, dass sie selbst die Bösen sind.

Denn der Kampf gegen das Böse impliziert Verurteilung und Hass in Deinem Herzen. Der einzige Ort wo Du das Schlechte ausmerzen kannst, ohne einen anderen zu bekämpfen oder zu bevormunden, ist in Deinem eigenen Inneren!

Ich sage es Dir ganz deutlich, erst wenn Du Dich darüber erhitzt, wenn Du Dich darüber echauffierst, erst dann hast Du den persönlichen Nachteil! Du fühlst Dich negativ, Deine Körperchemie wird schlechter! Du bekommst furchtbare Laune. Wenn ein Mensch täglich schlechte Laune hat, dann wird daraus ein notorischer Miesepeter, der an allem was rumzumäkeln hat, daraus wird irgendwann ein depressiver Mensch! Auch wenn die Psychologen ständig neue Erkenntnisse darüber präsentieren, warum jemand denn nun depressiv wird. Damit rechtfertigen die Therapeuten ihre Existenz, und das ist auch ihr gutes Recht. Aber ich kann Dir versichern, wenn Du Dich unentwegt auf die Dinge fokussierst, Die Du lieben kannst, die Dir richtig Freude bereiten, dann wirst Du niemals die Dienste von Psychologen in Anspruch nehmen müssen. Du wirst ein hervorragendes Gemütsleben haben, Du wirst glücklich sein und jeden Tag Deines Lebens mit Freude verbringen und die angenehmen Dinge genießen, die Dich ständig umgeben!

Jetzt gibt es bestimmt Leute, die sagen: *Das hört sich so an, als sollten wir jetzt niemanden mehr zur Verantwortung ziehen und alle Verbrecher ungestraft davonkommen lassen.*

Aber das ist damit nicht gemeint. Es gibt Leute, deren Job es ist, sich darum zu kümmern. Es ist nicht Deine Aufgabe zu kontrollieren, ob sie ihre Arbeit richtig machen. Ich habe ja schon betont, dass dieses Buch kein Konzept zu Kindererziehung enthält, genauso wenig enthält es ein Konzept zur Staatslenkung. Es ist lediglich eine Verhaltensweise, um Dein eigenes Leben grandios zu verbessern, nicht mehr und nicht weniger. Dennoch wage ich zu behaupten, dass, wenn jeder Mensch den VIS-FOR-LO® Lifestyle praktizierte, es dann immer weniger Aggression geben würde. Denn auch das Prinzip des Angriffs auf die Persönlichkeit eines Menschen oder gar auf die Person selbst ist nur auf den Glauben der eigenen Unzulänglichkeit zurückzuführen. Auch würden viele erkennen, dass sie es nicht im Mindesten nötig haben, sich irgendwelche Vorteile zu beschaffen, die dem Gesetz zuwiderlaufen. Denn auch die Annahme von Bestechungsgeld ist lediglich eine Folge von Mangeldenken!

Wenn Du Hass im Herzen hast, dann wirst Du überall Hass bemerken; wenn dagegen Dein Inneres voller Liebe ist, dann wirst Du überall Liebe sehen. So können zwei Menschen dieselbe Straße entlang laufen, der mit Hass im Herzen wird einen Hundehaufen bemerken, er wird sehen, dass bei einem Haus der Putz abbröckelt, er wird Müll im Rinnstein erblicken. Der mit Liebe im Herzen bemerkt diese Dinge gar nicht, er sieht zwei Spatzen, die sich necken, er schaut auf das verliebte Pärchen auf der anderen Straßenseite, er bemerkt die Blume am Straßenrand. Dir wird schon jetzt auffallen, dass, wenn Du nicht so gut gelaunt bist, Dich dann Dinge stören, die Du ansonsten gar nicht beachten würdest; bist Du dagegen in guter Stimmung, kann Dich kaum etwas von Deiner schönen Laune abbringen.

Dabei ist natürlich wichtig zu erkennen, dass Du es selbst bist! Es ist immer der Splitter im eigenen Auge, der Dich das Schlechte im anderen erblicken lässt! Nimm Dir doch mal eine Brille und male in die Mitte des Glases einen schwarzen Kreis. Nun blickst Du raus in die Welt, Du schaust Dir beispielsweise ein Haus an und stellst fest, dass da ein schwarzer Kreis auf der Hauswand ist, siehst Du ein Auto, hat dieses ebenfalls einen schwarzen Kreis. Aber es ist Dein Kreis, er gehört Dir ganz allein. Genauso ist es, wenn Dir Dinge in der Welt oder an anderen Personen auffallen, die Du verurteilst!

Derjenige, der den VIS-FOR-LO® Lifestyle praktiziert, wird von Tag zu Tag weniger negative Emotionen empfinden, und dafür nehmen die guten Gefühle täglich zu! Wenn das geschieht, wirst Du immer weniger das Schlechte wahrnehmen, immer öfter wirst auch Du schöne Dinge sehen, die Du vorher gar nicht beachtet hättest. Dein Dasein wird von Tag zu Tag lebenswerter!

Aber nicht weil die Welt sich so sehr gewandelt hat, sondern weil Du Dich selbst verändert hast!

Der VIS-FOR-LO® Lifestyle ist ein Lebensstil, der durch konsequente und ausdauernde Umsetzung der folgenden mentalen Arbeitsschritte eine langsame, aber unaufhaltsame Verbesserung des eigenen Lebens anstrebt. Man könnte diesen Lebensstil auch als Seelenhygiene bezeichnen. Du befreist Dein Inneres von schädlichen Inhalten, die auf Deinem Unterbewusstsein gespeichert sind. Natürlich wird das eine große Umstellung für Dich bedeuten, jetzt den Weg des VIS-FOR-LO® zu gehen, aber ich kann Dir versichern, dass Du dadurch Harmonie und Glück in noch nie dagewesenem Ausmaß in Dein Dasein ziehen wirst!

Das Wort VIS-FOR-LO – Du ahnst es sicherlich – setzt sich zusammen aus den Silben VIS für Vision (Imagination), FOR für Forgiveness (Vergebung) und LO für Love (Liebe).

Er beruht zum Ersten auf einer Jahrtausende alten Weisheit: Wie innen, so außen!

Jeder weiß, wie wahr das ist. Jemand mit Sonne im Herzen wird auch ein Leben mit viel Sonnenschein erleben. Jemand, dessen Gemüt ein Abgrund ist aus Hass, Eifersucht, Groll, Neid und Schuldgefühlen, wird nicht in der Lage sein, sich ein wirklich glückliches Leben zu erschaffen!

Wenn Du Hass in Dir trägst, wirst Du immer jemanden finden, den Du hassen kannst, wenn Du dagegen keinen Hass in Deinem Herzen hast, dann werden selbst unliebsame Zeitgenossen diesen nicht in Dir entfachen können.

Zum Zweiten beruht dieser Lifestyle auf der Erkenntnis, dass es nur einen Menschen auf dieser Welt gibt, den Du verbessern kannst: Dich selbst!

Die meisten Leute leben extrem unbewusst, denken hemmungslos negative Gedanken, diese verursachen schlechte Gefühle, die dann zusammen mit den Gedanken in ihr Unterbewusstsein abgelegt werden. Das ist Spam, das ist Unrat! Jeder, der einen PC hat, hat einen Viren-Scanner, damit keine Schadstoffe die Inhalte der Festplatte und damit des gesamten Computers beeinträchtigen können! Aber auf der Festplatte ihres Lebens – ihrem Unterbewusstsein – werden ohne zu überlegen massenweise Kritik, Verachtung, Hass, Groll und andere negative Gedanken und Gefühle abgelegt, dass es nur so kracht, und sie fühlen sich auch noch im Recht dabei, weil der andere ja der Böse ist und diese schlechten Gefühle ihrerseits verdient hat!

Das wäre so, als wenn Du Dich selbst schlägst, weil ein anderer böse war. Du bestrafst Dich damit selbst, indem Du diese negativen

„Du siehst die Welt nicht so wie sie ist,
du siehst die Welt so wie du bist.“

- Anthony Paul Moo-Young -

Gefühle zulässt; damit beeinträchtigst Du lediglich Dein eigenes Leben! Das Leben des anderen ist davon nicht berührt.
Man kann natürlich nicht in seinem Unterbewusstsein wie bei einem Computer Dateien und Programme löschen und neue installieren, aber der VIS-FOR-LO® Lifestyle kann das sehr wohl!
Wenn Du Dein Leben zum Positiven verändern willst, kommst Du nicht umhin, vorher die Inhalte Deines Inneren zu verbessern!
Der VIS-FOR-LO® hat einzig und allein zum Ziel, das eigene Herz von negativen Gefühlen zu reinigen. Jegliches Gefühl, das auf Erden existiert, lebt prinzipiell nur in dem Herzen eines Menschen, ein anderes Speichermedium für Emotionen gibt es nicht! Das Große besteht aus dem Kleinen und weltweiter Hass hat den Ursprung im Herzen eines jeden einzelnen Menschen, auch in Deinem! Und genau dort ist auch der einzige Ort, wo Du Hass beseitigen kannst. Erst wenn Du frei davon bist, wenn Du Liebe, Güte und Wohlwollen empfindest, dann wird sich das auf andere übertragen, und das Gute verbreitet sich!
Nicht Deine Mitmenschen müssen ihr Verhalten ändern, Du selbst musst es tun! Auch nicht andere Menschengruppen, auch nicht andere Staaten, Du selbst solltest Dein Verhalten ändern. Ich rate Dir, negative Gefühle aus dem Inneren zu verbannen und positive hineinzubringen, damit erschaffst Du Dir ein wunderbares Leben! Wenn alle Menschen Frieden in ihrem Herzen haben, dann haben wir Frieden in der Welt. Auge um Auge, Zahn um Zahn führt

„Der einzige Winkel im Unversum,
den Du verbessern kannst, bist Du selbst.“

- Aldous Huxley -

niemals zur Glückseligkeit, weil Kampf gegen andere immer noch mehr Kampf nach sich zieht.
Ich möchte noch einmal auf die Washington-Studie zu sprechen kommen. Da haben ca. 4000 Probanden meditiert, und dadurch haben sie andere Menschen in ihrer Umgebung (den gesamten Stadtteil Columbia, ca. 400.000 Einwohner) so weit positiv beeinflusst, dass die Kriminalitätsrate deutlich sank.
So geht die Verbesserung der Welt!
Je größer die Zahl der Menschen mit Liebe im Herzen statt Hass, Groll und Kritik, umso friedlicher wird es auf unserem Planeten.
Du kennst das sicherlich selbst, dass ein aggressiver, streitsüchtiger Mensch dazu in der Lage ist, eine Familienfeier komplett zu ruinieren, aber ein Mensch mit Liebe und Sonne im Herzen vermag, dass sich alle Menschen in einem Kollektiv verstehen, wenn derjenige auftaucht, obwohl vorher Disharmonie geherrscht hat.
Stell Dir eine Welt voller hasserfüllter Menschen vor, was glaubst Du, wie sie aussehen würde? Würde es uns dann überhaupt noch geben? Nun stell Dir die Welt vor, in der alle Liebe im Herzen tragen, könntest Du Dir vorstellen, dass die Welt dann ein noch schönerer Ort wäre? Das eine wie das andere wird es nie geben, aber Du kannst Deinen Teil dazu beitragen. Denn Dein Herz, das ist Deine Welt. Wenn diese voller Liebe und Wohlwollen ist, dann ist Deine eigene Welt schon mal ein hervorragender Ort, und das inspiriert andere, ebenfalls diesem Weg zu folgen!

Auch wenn Du nicht in Washington wohnst, wird sich Deine Schwingung der Liebe und Güte verteilen und sich auch auf andere Menschen übertragen, man könnte buchstäblich behaupten, dass Du damit die Lehre von Jesus vollendest, dass Du daran beteiligt bist, die Welt liebevoller und für viele angenehmer zu gestalten.
Menschen, die den Weg des VIS-FOR-LO® gehen, haben verstanden, dass die einzige Möglichkeit, die Welt zu verbessern, darin besteht, sich selbst von innen nach außen zu transformieren, und nicht darin, andere durch Kritik oder gar Gewalt dazu zu bringen, ihr eigenes Wertesystem zu verlassen, um die Vorstellungen anderer zu teilen.
Je mehr jemand seine Mitmenschen nervt, sich zu ändern, um die Welt zu verbessern, umso weniger wird es geschehen, weil es bei jedem selbst anfängt! Und solange ich mich auf Unzulänglichkeiten anderer ausrichte, bin ich in einer negativen Grundhaltung, die nicht dazu angetan ist, Liebe und Güte zu verbreiten.
Erst wenn der Mensch beginnt, sein eigenes Inneres zu verschönern, können die Umstände in seinem Leben ebenfalls besser werden. Ich weiß, für viele Leute klingt das ungewohnt, weil sie so geprägt wurden, die Ursachen für alles Schlechte im Leben im Außen zu suchen. Sie glauben an Glück und Pech, an harte Arbeit, an hohe Bildung, daran dass man gute Beziehungen haben muss und vor allem dass die anderen schuld sind, wenn es nicht gut läuft.
Dagegen gibt es viele Beispiele von herausragenden Personen, die Außerordentliches geleistet haben, bei denen aber diese ganzen

Voraussetzungen nicht erfüllt waren. Unter vielen Menschen, welche die Welt veränderten, finden wir ganz normale Leute, die keine Beziehungen zu Superreichen, Industriellen oder Politikern hatten, wir finden auch Studienabbrecher sowie Leute mit wenig Schulbildung als auch welche aus wirklich armen Verhältnissen. Eines ist all diesen gemein: Sie haben erkannt, dass sie selbst für ihr Schicksal verantwortlich sind, nicht die anderen.
Man nennt sie Visionäre, man nennt sie Macher und Idealisten. Was ist ein Visionär? Als Definition könnte man sagen: Es ist eine Person, die eine klare Vorstellung von ihrer Zukunft hat und dabei den Status quo teilweise bis vollständig ausblendet. Oder eine Person, die eine genaue Fiktion von einem noch nicht existierenden Produkt besitzt. Natürlich wird dieser Begriff immer im Zusammenhang mit einer positiven Zukunft genannt.
Wie man es auch ausdrückt, es ist immer damit gemeint, dass jemand vor seinem inneren Auge das betrachtet, was er in der Zukunft gerne als Realität vorfinden möchte.
Wenn man sich mit Quantenphysik beschäftigt, kommt man zu der Erkenntnis, dass genau das der Vorgang ist, wie die Realität erschaffen wird.
Aus diesem Grunde ist auch die Vision ein wichtiger Bestandteil des VIS-FOR-LO® Lifestyles.
Natürlich ist damit die positive Vision gemeint. Visionen von seiner Zukunft hat vermutlich so ziemlich jeder Mensch, nur ist sie bei den meisten eher negativer Natur. Sie haben Angst vor dem

Kommenden, sie machen sich Sorgen über die spätere Zeit, denken an Armut, Krankheit und Verfall.
Du wirst niemals einen betagten reichen, glücklichen und gesunden Menschen treffen, der sich sein Leben lang nur Sorgen über seine Zukunft gemacht hat und sich diese in möglichst schwarzen Farben ausmalte und daran dachte, was denn nun Schlimmes passieren kann. Natürlich haben wir alle mal Momente, in denen wir Angst haben, in denen wir zweifeln und schwarzsehen. Aber bei allen wirklich erfolgreichen Menschen gehören diese negativen Gedanken der absoluten Minderheit all ihrer gedachten Gedanken an. In großen Teilen ihres Lebens waren diese stets auf ihre wunderbare Zukunft ausgerichtet, um diese in ihr Leben zu holen. Hatten sie mal ein Problem, so haben sie das nicht aufgebauscht, sondern eher als Herausforderung betrachtet, die ihnen in der Zukunft noch größere Erfolge bescheren wird!
Weiterhin wirst Du niemals wirklich erfolgreiche Menschen treffen, die sich in Hassgefühlen anderen gegenüber suhlen. Auch nicht in Schuldgefühlen gegen sich selbst, die ja nur eine Art des Eigenhasses sind. Hass ist eines der negativsten, zerstörerischsten Gefühle überhaupt. Viele Krankheiten sind ausschließlich auf eine negative Gefühlswelt des Betreffenden zurückzuführen. Natürlich wird das oft bestritten, am meisten natürlich von den Betroffenen selbst. Aber wer gibt auch schon gerne zu, dass er voller Hass und Groll auf andere Menschen ist? Blicke raus in die Welt und Du wirst selbst sehen, dass hasserfüllte Leute ein Leben führen, mit dem Du nicht

tauschen möchtest! Ähnlich negativ ist höchstens noch die Angst zu bewerten, aber diese beruht immer auf mangelndem Selbstwertgefühl, und dieses entsteht durch mangelnde Selbstliebe. Mangelnde Eigenliebe könnte man aber ebenso als Selbsthass bezeichnen, der sich aus tief vergrabenen Schuldgefühlen speist.

Nun könnte jemand erwidern, dass es aber nun mal so ist, dass er Neid oder Hassgefühle anderen gegenüber empfindet. Man kann diese ja nun nicht einfach abbestellen, wie man es vielleicht bei einem Zeitungsabo gewöhnt ist.

Natürlich kann man das nicht auf Bestellung, aber ich kann Dir versprechen, dass, wenn Du beginnst, diesen VIS-FOR-LO® Lifestyle zu leben, dann all Deine negativen Gefühle von Tag zu Tag ein bisschen weniger werden. Du wirst es nicht sofort bemerken. Das ist wie mit dem Wachstum Deines Kindes; wenn Du es täglich siehst, wird es Dir nicht auffallen, dass es vielleicht 0,2 mm am Tag wächst. Aber wenn Du nach einigen Wochen einen Bezugspunkt hast und feststellst, dass die Hose schon wieder zu kurz ist, wirst Du es bemerken. Aber eine Verwandte, vielleicht die Oma, die das Kind nicht so oft sieht, wird von dem schnellen Wachstum überrascht sein, wenn sie am Geburtstag zu Besuch kommt.

Ebenso wird es mit Deiner positiven Veränderung vonstattengehen, zuerst bemerken es oft andere, sie werden Dich fragen, was mit Dir los ist, wenn Du vielleicht nicht mehr in das schlechte Gerede über Kollegen mit einstimmen willst.

Es wird Dir selbst auffallen, wenn Du einer Person begegnest, der Du früher nur Antipathie entgegenbrachtest, dass Du dieselbe Person auf einmal als recht angenehm empfindest. Ja, Du wirst ziemlich oft von Dir selbst positiv überrascht werden. Eine wunderbare Zeit wird in Deinem Leben anbrechen. Du wirst beginnen, wesentlich besser über andere Menschen zu denken und zu reden, Du wirst im Allgemeinen liebevoller, empathischer und aufgeschlossener gegenüber anderen und der Welt im Ganzen sein. Du wirst anfangen, Dich selbst mehr zu lieben, jede Erfahrung Deines Lebens wird bereichert werden.

Im Gegensatz zu vielen Religionen legt Dir der VIS-FOR-LO® Lifestyle keinerlei Zwänge auf! Verbote jedweder Art gibt es beim Praktizieren dessen nicht. Entweder Du tust es oder Du tust es nicht. Es existiert nicht die geringste Vorschrift, Du darfst diesen Lifestyle leben, Du kannst es tun, es ist auch gut für Dich, wenn Du es machst, es ist auch gut für andere und die Welt, wenn Du ihn praktizierst, aber niemand ist Dir böse, wenn Du es nicht tust. Es ist ausschließlich Deine Sache! Was Du isst, wie Du Dir Deine Zeit einteilst, wie Du Dein Sexualleben gestaltest, ob Du Deinen Mitmenschen geben möchtest, ob Du gerne reich wärst – dass alles liegt ganz allein bei Dir, niemand möchte Dir da auch nur die geringsten Vorschriften machen.

Wenn Du diesen Lifestyle nicht lebst, wirst Du von den Menschen, die ihn leben, trotzdem vollkommen anerkannt sein, niemand, der diesen Lebensstil wirklich lebt, würde Dich oder jemand anderen je

ablehnen! Ein Mensch, der den VIS-FOR-LO® Lifestyle praktiziert, hat nur eine Grundregel: *Jeder Mensch ist so, wie er ist, ich habe absolut kein Recht, ihn zu kritisieren oder gar zu bekämpfen. Denn aus seiner Perspektive ist das, was er tut, gut, richtig oder zumindest notwendig und gerechtfertigt.*
Hätten Menschen, die diesen Lebensstil verrichten, einen Verhaltenskodex, könnte er wie folgt aussehen:

- Ich behandle ausnahmslos jeden Menschen mit Respekt. Das tue ich auch, wenn seine Wertvorstellungen und sein daraus resultierendes Verhalten nicht mit meinem Ethos übereinstimmen.

- Jeder hat ein Recht auf seine eigene Meinung, ich werde andere Ansichten nicht kritisieren, auch das Verhalten anderer werde ich nicht verurteilen.

- Wenn mir etwas in der Welt nicht behagt, dann werde ich dort nicht hinsehen; niemand hat etwas davon, wenn ich das Unerwünschte betrachte.

- Was nichts mit mir zu tun hat, geht mich auch nichts an. Ich werde mich nicht in die Angelegenheiten meiner Mitmenschen einmischen.

„Gott ist Liebe;
und wer in der Liebe bleibt,
der bleibt in Gott
und Gott bleibt in ihm.“

- 1 Johannes 4, 16b -

- Ich habe verstanden, dass die Welt nicht dadurch besser werden kann, indem ich anderen meine Verhaltensnormen aufzwingen will. Wenn ich möchte, dass die Welt sich verbessert, muss ich in meinem Inneren diese Veränderung beginnen.

-Beim VIS-FOR-LO® gibt es keinen Sünder, weder Erbsünde noch Sünde durch eigenes Verhalten. Jeder tat nur das, was er auf Grund seines Erfahrungsschatzes für richtig oder notwendig hielt.

- Ich werde mein Bestes geben, um Hass, Neid, Groll, Wut und anderen negativen Gefühlen keinen Platz in meinem Herzen zu geben.

- Ich bin der Klügere, der Liebevollere! Derweil sich mein Rivale mit seinem Hass vergiftet, belohne ich mich selbst, indem ich ihm vergebe, Liebe und Wohlwollen aussende!

- Ich werde mein Möglichstes tun, um die Liebe in der Welt zu verbreiten!

Viele werden jetzt sagen, man kann den VIS-FOR-LO® doch nicht mit einer Religion vergleichen, aber in der Bibel steht, Gott ist Liebe, und genau genommen tun wir alles, um diese Liebe anzubeten und zu verbreiten!

Beginn

Zuerst wollen wir anfangen, dass Allgemeinverhalten etwas zu beeinflussen. Das ist eigentlich ziemlich einfach, verlangt aber von Dir, dass Du ständig bemüht sein solltest, Dein eigenes Verhalten zu kontrollieren.

Du solltest nun natürlich damit anfangen, negativen Input zu vermeiden.

Früher waren die Menschen seelisch gesünder und aus diesem Grunde auch körperlich unversehrterer. Damals war die Welt noch nicht so vernetzt und der Bürger bekam das mit, was in seiner Region passierte. Es wurden einfach wesentlich weniger Informationen ausgetauscht. Die heutige Zeit wird ja auch als das Informationszeitalter bezeichnet, weil jegliche Information sofort weltweite Verbreitung findet. Da der Mensch das Bedürfnis verspürt, vorrangig negative Informationen zu konsumieren, werden auch diese primär verbreitet, durch diese Fülle an Negativität und Kritik, die durch globale Informationsflüsse den Menschen fast schon überrollen, werden die, die es zulassen, zusehends seelisch krank. Wenn das Gemüt erst mal von diesem ganzen Unrat infiziert ist, dann ist es bis zur körperlichen Krankheit nicht mehr weit. Ich möchte Dich dazu ermutigen, es nicht zuzulassen, dass Dein Unterbewusstsein eine riesige Müllhalde an Negativität wird. Schließlich wird niemand dazu gezwungen, ständig diese destruktiven Nachrichten zu konsumieren. Das tut jeder Mensch

freiwillig. Wenn die Versuchung dazu auch recht groß ist, kann man sich dagegen dennoch wehren und bewusst negative Nachrichten ignorieren und positiven Dingen seine Aufmerksamkeit schenken.
Du musst keine Nachrichten gucken, niemand hat etwas davon. Ich höre immer wieder, dass Menschen meinen, dass sie informiert sein müssen. Erstens ist es völlig unmöglich, alle Informationen aufzunehmen, und zweitens, was hast Du davon, wenn Du über das Negative informiert bist? Worin genau liegt der Nutzen? Ich kann keinen erkennen!
Aber ich erkenne ganz klar und deutlich den Schaden, den es anrichtet, wenn ich mich darüber ärgere oder wenn ich von Angst infiziert werde. Damit tust Du Dir selbst nichts Gutes! Du tust Dir niemals einen Gefallen damit, wenn Du Dich auf negative Dinge Deiner Zeitgenossen fokussierst, egal ob in Deinem Umfeld oder vom anderen Ende der Welt. Du kannst gar nicht alle Informationen dieser Welt verarbeiten, also warum versuchst Du es?
Glaubst Du, dass Du besonders klug bist, weil Du möglichst viele Mitteilungen in Deinem Gehirn abspeicherst? Ich glaube, ein Mensch ist besonders klug, wenn er weiß, wie er ohne große Anstrengung sein Leben verbessert, das auch umsetzt und dadurch außergewöhnlich glücklich wird. Jedenfalls klüger als der, der sich mit vielen negativen Informationen belastet und dadurch besorgt, angsterfüllt oder gar unglücklich wird.
Menschen, die ihren Körper besonders stark vergiften, etwa Alkoholiker, Kettenraucher und Drogensüchtige, werden für

gewöhnlich als Versager wahrgenommen, aber Menschen, die ihr Gemüt besonders stark mit negativen Informationen verseuchen, sind die Gewinner?

Wenn Du Dich auf das Böse in der Welt konzentrierst, indem Du Dir ständig Nachrichten anschaust, vermehrst Du es. Es ist wirklich sehr logisch, denke darüber nach. Wenn Du die Meldung über eine Gräueltat gelesen oder gesehen hast, dann hast Du sie sozusagen vervielfältigt und eine Kopie in Deinem Gehirn sowie in Deinem Herzen abgelegt. Jedes Mal wenn Du darüber nachdenkst, guckst Du Dir nun ein weiteres Mal dieses Duplikat an. Wenn Du anderen davon berichtest, erstellst Du weitere Abschriften und verbreitest diese negative Energie unter Deinen Kollegen und Familienmitgliedern. Lass das nicht zu! Du vergiftest Dich selbst und andere damit!

Beginne, Dich deshalb auf Dich selbst zu fokussieren.

Beobachte nicht das schlechte Benehmen von Deinen Mitmenschen!

Du beginnst es ganz einfach:

Du siehst jemanden, den Du etwas unsympathisch findest, Du denkst: *Wie sieht der denn aus!* Oder: *Warum tut der das bloß?*

Du solltest jetzt innerlich laut STOP! sagen und denken: *Du bist so, wie Du bist, und hast dazu genauso ein Recht, wie ich es habe, so zu sein, wie ich es will!*

Da ich nicht kritisiert werden möchte, habe ich auch kein Recht, Dich zu verurteilen!

Er selbst findet sich vollkommen in Ordnung, seine Freunde mögen ihn auch so, wie er ist, sonst wären sie ja nicht seine Freunde! In seinen Kreisen ist er vielleicht anerkannt und beliebt. Woher willst Du nun also das Recht nehmen, ihn zu verurteilen? Und vor allem wozu? Was hast Du davon? Was hat irgendwer davon?

Du legst negative Gedanken auf Deinem Unterbewusstsein ab, Du wirst Dich dadurch schlechter fühlen – ist das Dein Ziel? Nein, Dein Ziel wird dasselbe sein wie bei fast allen Menschen, sie wollen sich gut und noch besser fühlen!

Erkenne bitte, dass dieses Denken darüber, „wie der denn ausschaut", auch Kritik ist, selbst wenn diese nicht laut geäußert wurde. Allein das Aburteilen eines anderen Menschen, auch wenn es nur in Deinem Geiste stattfindet, ist negative Energie, mit der Du Dein Inneres verschmutzt!

Unser Ziel ist es, diese Verschmutzung umzukehren! Dazu solltest Du nun als Erstes versuchen, keine weiteren negativen Gedanken zu denken. Das wird sicherlich erst mal eine gewisse Umstellung, die nicht immer einfach sein wird. Niemand aber hat behauptet, dass es völlig ohne Schwierigkeiten funktionieren wird. Einfach? Was ist schon einfach? Einfach ist es, so zu sein wie alle anderen auch, gemeinsam über Kollegen zu lästern und abends vor dem Fernseher zu sitzen, ohne überhaupt zu denken. Aber das ist nicht das, was Dich auf Dauer glücklich machen wird.

Es gibt Leute, die haben ständig schlechte Laune, tagein, tagaus, ich weiß das, weil ich lange Zeit zu diesen Menschen zählte. Ich glaubte, es sei berechtigt, sich so negativ zu fühlen, weil ja die Welt so schlecht ist und andere Menschen sich so unangemessen verhalten und meine Lebensumstände nicht so waren, wie ich es mir ersehnte. Erst als ich begriff, dass ich mich zuerst gut fühlen muss und das auch einfach erreiche, indem ich mich auf das Erwünschte ausrichte, ging ich aufgrund meiner guten Gefühle neue Wege und begegnete auf diesen Wegen ganz anderen Personen, und es taten sich mir ganz neue Chancen auf. Aufgrund meiner besseren Gefühle war ich auch freundlicher zu meinen Mitmenschen, wodurch diese natürlich auch freundlicher zu mir waren. Dieses Verhalten setzt eine Spirale in Gang, die aber immer bei Dir selbst beginnt und Dich auf einen wunderbaren Weg führt.

Also sei nun stetig bemüht, negative Gedanken anderen gegenüber zu vermeiden. Ziel sollte sein, das negative Urteil vollkommen sein zu lassen. Wenn Du jemanden siehst, den Du nicht wertschätzen kannst, sei bemüht sofort zu denken: *Er ist eben, wie er ist ...* Oder: *Es geht mich nichts an ...* Oder: *Es ist seine Sache, wie er das handhabt ...*

Belaste Dich nicht mit negativen Gefühlen, nur weil sich ein Mensch anders benimmt, als Du glaubst Dich zu verhalten, wärest Du diese andere Person!

Manchmal wäre es einfach besser für uns und unsere Mitmenschen, wenn sie uns nicht ganz so wichtig wären, wenn wir ihnen mehr Autonomie zugestehen würden: *Er wird es schon machen.* Oder: *Schließlich ist es seine Sache.* Das sind Gedankengänge, die zwischenmenschliche Krisen vermeiden helfen. Ungefragt gute Ratschläge zu erteilen oder gar Äußerungen wie: *Warum tust Du das nicht einfach so, wie ich es gesagt habe?* bringen für beide Seiten nur unangenehme Gefühle hervor.

Es gibt Lehrer, die raten Dir, gar nicht mehr zu urteilen, aber sicher haben diese nicht bedacht, dass Du dann gar nichts nicht mehr fühlen würdest! Jegliches Gefühl entspringt einem urteilenden Gedanken! Du kannst erst dann gute Gefühle empfinden, wenn Du geurteilt hast, dass es gut ist! Wenn Du beispielsweise etwas siehst, was Dich überhaupt nicht interessiert, wirst Du auch nichts empfinden; erst wenn Du etwas betrachtest und es gut oder weniger gut findest, wird der Gedanke ein Gefühl erzeugen. Deswegen meine ich, dass Du nur das negative Urteil unterlassen solltest. Wenn Du etwas magst oder liebst, solltest Du dieses gute Urteil durchaus fällen. Also versuche nur das zu betrachten, was Du magst!

Das heißt natürlich nicht, dass Du nun allen alles geben oder für sie tun musst, was sie von Dir erwarten, damit würdest Du nur den Egoismus der anderen bedienen. In erster Linie heißt es, Dich selbst zu lieben und Dich nicht für Dein Gegenüber zu verbiegen, sondern Dir und Deinen Zielen treu zu sein. So wie Du andere sein lässt, wie sie sind, kannst Du natürlich auch von Deinen Mitmenschen erwarten, dass diese Deinen Lebensentwurf und Deine Entscheidungen respektieren.

Sollten diese das nicht tun, dann kämpfe nicht, lass sie einfach so sein, wie sie sind und gehe weiter Deinem erfüllten Leben nach.

Wenn Dein Herz mit der Zeit immer reiner wird, werden diese Menschen entweder ihre Ansichten ändern, oder sie werden schmerzlos aus Deinem Leben verschwinden.
Wenn Du nicht angenehm von jemandem oder etwas denken kannst, dann sieh bewusst woanders hin. Egal wo Du bist, es gibt immer angenehme Dinge, und wenn es nur eine Zimmerpflanze ist oder ein Baum an der Straße.
Ich bin mir bewusst, dass diese Methode allein nicht funktioniert, auch wenn so mancher es Dir so erzählt hat. Deine Gedanken entspringen Deinem Unterbewusstsein, und wenn dieses negativ geprägt ist, wirst Du auch vorrangig negative Gedanken denken. Deswegen ist es aber dennoch wichtig, dass Du beginnst, Dir selbst Rechenschaft über Deine Gedanken abzulegen.
Nun werden wir damit anfangen, die Inhalte Deines Unterbewusstseins drastisch zu verbessern, indem wir die negativen löschen und durch positive ersetzen.

Vergebung

Obwohl im Wort VIS-FOR-LO® die Vergebung an zweiter Stelle kommt, bin ich der Meinung, dass sie im Leben an die erste gesetzt werden sollte.

In meinen Augen ist die Vergebung die absolut wichtigste Tätigkeit, die ein Mensch ausüben sollte, um die Umstände seines Lebens entscheidend zu verbessern. Ich glaube, wenn Du alle anderen nur möglichen Techniken anwenden würdest, könntest Du dennoch keinen wahren Erfolg haben, wenn Dein Herz voll ist mit Hass und Feindschaft gegenüber anderen Menschen und Schuldgefühlen gegen Dich selbst!

Angenommen Du hattest eine nicht so schöne Kindheit, wurdest geschlagen, in der Schule gehänselt, dann denkst Du ja als 40-Jähriger nicht jeden Tag daran. Dennoch ist da ein großer Teil Deines Unterbewusstseins, von diesen alten Grollgefühlen verseucht und strahlt nichts Gutes aus. Das ist wie radioaktives Material, Du merkst es nicht, aber es zerstört Dich von innen heraus.

Wenn ein PC von vielen Viren befallen ist, dann ist er beeinträchtigt in seiner kompletten Funktionsweise, Programme laufen langsamer oder gar nicht mehr. Je mehr Viren auf der Festplatte, umso mehr ist der störungsfreie Lauf des Computers behindert. Genauso ist das mit Deinem Leben, je mehr Hass, Wut, Groll und andere negative Emotionen der Ungerechtigkeit, der Schuld oder der Unzulänglichkeit dort gespeichert sind, umso unvollkommener wirst

„Nur der ist weise und würdig,
der seinen Zorn besiegt und Vergebung zeigt,
auch wenn er von Starken verletzt,
beledigt und gekränkt wird."

- Mahabharata Buch 3, Kapitel 29 -

Du Dein Leben empfinden. Es wäre sehr hilfreich für Dein Dasein, wenn Du erkennen würdest, dass diese destruktiven Gefühle der Grund sind für Dein oftmals unbefriedigendes Leben und, dass diese aus Deinem Inneren verschwinden müssen, um Deine Existenz dauerhaft zu einer wunderbaren Angelegenheit zu machen.

Viele versuchen, ihre äußeren Umstände im Leben zu verändern, indem sie andere Menschen manipulieren wollen, um sie dazu zu bringen, sich ihnen gegenüber vorteilhafter zu benehmen.

Das wäre so, als versuchtest Du, gut zu riechen, indem Du ein Parfum aufträgst, um die Zeit des Badens zu ersparen.

Genauso wenig wie es einen Ersatz für Körperpflege gibt, gibt es ihn für die Reinigung Deines Unterbewusstseins.

In einem Garten, wo das Unkraut ungehindert wuchert, können keine schönen Blumen gedeihen.

Solange Dein Inneres ein Schlachtfeld voller negativer Emotionen gegen andere sowie Schuldgefühle gegen Dich selbst ist, wird auch Dein Leben im Außen nicht funktionieren. Erst wenn Du Harmonie in Deinem Herzen geschaffen hast, wird sich auch diese über Dein gesamtes Leben ausbreiten. Auch Du hast in der Kindheit gelernt, „die Bösen" zu verachten, Du hast gelernt, Schadenfreude zu empfinden, wenn denn die „schlechten Menschen" gestrauchelt sind.

Viele sagen, dass sie gegen niemanden Hass empfinden, man hört sie aber trotzdem reden, was man mit einigen Zeitgenossen, die vom rechten Weg abgekommen sind, eigentlich machen sollte. Einige sprechen sich bei verirrten Menschen gar für körperliche Gewalt oder die Todesstrafe aus. Der Wunsch nach Vergeltung ist aber ein sicheres Zeichen für Hass. Auch wenn Du Deine Forderung als noch so gerechtfertigt siehst und das Wort „Hass" vermeidest, weil Dir gelehrt wurde, dass man nicht hassen soll – dann wählst Du andere Worte und denkst, nun ist es besser? Hass ist Hass, egal wie Du dieses Gefühl nennst. Und wenn Du jemandem lebenslange Haft wünschst oder gar den Tod, dann ist es Hass und nichts Geringeres! Aber noch einmal: Es ist Dein Hass, er gehört Dir ganz allein und ist in Deinem Herzen, nirgendwo anders! Das Objekt Deiner schlechten Gefühle hat damit weniger zu tun, als Du glaubst, denn wie wir bereits festgestellt haben, hat auch dieser Mensch Freunde, die ihn mögen, manche lieben ihn sogar, also kann er ja nicht die alleinige Ursache für Deine Verstimmung sein.

Wenn der Hass nur in Deinem Inneren ist, kannst auch nur Du selbst ihn dort beseitigen.

Die Vergebung ist konsequente seelische Entgiftung und wird diesen Hass eliminieren.

Nur der Schwache schwört auf ewige Rache und Feindseligkeit, er ist zu kraftlos, um seine Zorngefühle zu überwinden. Vergebung ist ein Zeichen mentaler Stärke! Das sollte man immer bedenken, wenn man etwas gegen andere hat. Wenn ich vergebe, dann bin ich der Gewinner, weil das Negative aus meinem Gemüt verschwindet!

Du kannst natürlich auch auf der Richtigkeit Deiner Meinung beharren, ein "das macht man eben so!" wirkt aber meist nicht sehr hilfreich im Umgang mit anderen Menschen. Dadurch wächst die Konfrontation, und niemand kommt zum Ziel. Wenn Du beschließt, der Stärkere sein zu wollen, dann vergib Deinem Kontrahenten und erreiche dadurch Deine Vorhaben, und vor allem sei frei von Hass und Groll!

Kannst Du Dir vorstellen, dass ein Mensch, dessen Herz voller Kritik, Wut, Bitterkeit und Feindseligkeit ist, eine strahlende Gesundheit hat und in einer beglückenden Beziehung lebt? Möchtest Du einen solchen hasserfüllten Partner an Deiner Seite haben? Viele glauben, dass, wenn Sie jemandem vergeben, sie ihn dann quasi belobigen, und das wollen sie nicht, weil er es ihrer Meinung nach nicht verdient hat, gewürdigt zu werden.

Ich möchte festhalten, dass der andere es meistens noch nicht mal bemerkt. Du musst jetzt weder mit ihm die Freizeit verbringen, noch brauchst Du ihm jemals zu berichten, dass Du ihm vergeben hast.

Du solltest nicht danach trachten, dass ein anderer Reue empfindet und sich bei Dir entschuldigt. Reue, Sühne sind Begriffe, die eine Schuld implizieren. Wie sollte aber durch neues Leiden, z. B. durch Buße, altes Leiden aufgehoben werden? Das beinhaltet ja weiterhin, dass es einen Guten und einen Bösen in dieser Situation gegeben hat. Das wiederum schließt ein, dass es ein allgemeingültiges Richtig oder Falsch geben muss. Das würde zur Folge haben, dass alle Gleichheit anstreben sollten, damit dann alle endlich „richtig“ sind. Konformität in allen Lebensbereichen!

„Wenn wir wirklich lieben wollen,
müssen wir lernen, aufrichtig zu vergeben.“

- Mutter Teresa -

Ich kann mir nicht vorstellen, dass die Mehrheit der Gläubigen bereit wäre, ihre Religion zu verlassen und zu einer neuen Glaubensrichtung zu konvertieren, weil die andere die „bessere" oder die „richtigere" Religion ist. Ebenso sieht es bei politischen Einstellungen und auch bei privaten Lebensentwürfen aus, aber auch bei Wünschen, Bedürfnissen und Meinungen einzelner Menschen.

Vergebung ist nicht: *Das war nicht richtig von Dir, bitte mich um Verzeihung und ich werde Dir vergeben!* Vergebung ist: zu erkennen, dass es eben so war, wie es war, jeder hat so gehandelt, wie er es in diesem Augenblick für richtig gehalten hat.

Viele könnten jetzt aber sagen: *Aber dann kann doch jeder machen, was er will, und morgen ist alles vergessen ...*

Ja, aus dem einfachen Grund, weil sowieso jeder macht, was er will.

Oder schlägst Du jetzt, nun morgen Deinem Chef ins Gesicht, weil Du ihn nicht magst, und weißt, dass er Vergebung praktiziert? Menschen machen sowieso das, was sie als angebracht empfinden, egal ob Du Vergebung pflegst oder nicht.

Wenn Du mit dem Verzeihen beginnst, denke daran, dass es nicht nur große „Schandtaten" anderer sind, die vergeben werden müssen.

Manchmal sind es auch kleine Dinge, die sich dennoch in Dein Gedächtnis einbrennen, vielleicht hat mal ein Mitschüler einen Witz auf Deine Kosten gemacht oder ein Kollege hat Dich nicht ausreden lassen, weil er gerne im Mittelpunkt stehen wollte. Wenn es auch Nichtigkeiten sein mögen, so werden sie dennoch unbewusst gespeichert und sind mit dem damals empfundenen Gefühl der Nichtachtung verknüpft.

Wenn Du jemandem wirklich vergeben willst, dann möchtest Du keine Entschuldigung von ihm, also auch kein „es tut mir leid", damit würdest Du nur das „Falsche" an dieser Handlung festschreiben. Du erwartest somit von anderen, dass sie ihre „falsche" Tat bedauern und ihrerseits Reue bekunden. Was ist, wenn Dein Gegenüber seine Tat aber weiterhin richtig findet? Dann vergibst Du ihm nicht, weil er keine Reue empfindet oder zumindest nicht so tut, als empfände er sie? Damit bleibt aber alles, wie es war, so ist es heute fast überall, jeder kritisiert jeden und alle erwarten, dass der andere seine Meinung revidiert und es ihm leidtut, vorher eine eigene Meinung besessen zu haben!

Wahre Vergebung ist, dass Du Deinem Zeitgenossen verzeihst, obwohl es ihm nicht leidtut, was er getan hat. Im Grunde sollte es Dich nicht im Mindesten interessieren, ob er seine Handlungsweise bereut. Denn diese Vergebung tätigst Du, um Dein Herz zu einem besseren Ort zu machen. Deswegen ist die Welt, wie sie ist, weil eben wahre Vergebung nicht angesagt ist.

Wie bei der Beichte wird Dir nur dann vergeben, wenn Du eine Schuld anerkennst! Laut Wikipedia ist die Beichte „das mündliche Eingeständnis einer schuldhaften Verfehlung".

Und die Absolution: „Das Vergeben einer Sünde nach dem Schuldbekenntnis".

Und so befinden sich die Menschen in einem Kreislauf, der niemals ein Ende hat! Weil der eine sagt: *So ist es richtig!*, das Gegenüber aber eine abweichende Meinung hat. Und so erwartet jeder von seinem Gegenüber, dass dieser einsichtig sein werde und seine schuldhafte Verfehlung zugeben und bereuen würde. Erst dann ist man bereit zu vergeben. Sie wollen eigentlich gar nicht vergeben, sie wollen recht haben! Dadurch passiert es logischerweise, dass die meisten Handlungen anderer, die uns missfielen, niemals vergeben werden, weil derjenige diese Tat eben als richtig empfand. Und so tragen viele Menschen negative Gefühle mit sich herum und bemerken gar nicht, dass sie selbst als einzige die Leidtragenden sind. Du solltest nicht anderen vergeben, weil Du der Meinung bist, dass Dein Gegenüber Vergebung verdient hat, sondern Du solltest es tun, weil Du selbst den inneren Frieden verdient hast, den die Vergebung mit sich bringt!

Wenn Du wirklich vergeben hast, dann gibt es mit dieser Person nichts mehr zu klären oder zu bereinigen! Du weißt, derjenige ist so, wie er ist, und es ist gut so. Was er getan hat, war aus seiner Perspektive in diesem Augenblick richtig oder notwendig, sonst hätte er es nicht getan. Da gibt es im Nachhinein nichts mehr drüber zu reden, man ist befreit von jeglichen negativen Gefühlen dieser Person und ihren Handlungen gegenüber. Es bestehen nur noch gute oder wertfreie Erinnerungen zu diesem Menschen. Selbst wenn diese Person noch irgendetwas klären oder sich rechtfertigen will, wirst Du nicht mehr daran interessiert sein! Du bist reinen Herzens, für Dich ist die Sache abgeschlossen, Du bist glücklich. Falls die andere Person noch Schuldgefühle plagen, so kannst Du nichts dagegen tun, nur sie selbst kann sich von dieser Schuld durch Selbstvergebung befreien.

Ich möchte Dir in diesem Kapitel die einzig wahre Vergebung vorstellen, diese Vergebung machst Du ausschließlich mit Dir selbst aus, völlig unabhängig davon, was andere Menschen denken, sagen oder tun! Es geht ausnahmslos darum, Dein Unterbewusstsein von negativen Gefühlen und Eindrücken zu befreien.

Ich selbst habe es innerhalb kürzester Zeit geschafft, mein Einkommen zu verzehnfachen, einen völlig neuen sozialen Stand zu erreichen, ein völlig neuer Mensch zu werden, der auf einem wesentlich höherem Wohlfühllevel lebt, indem ich ein einfaches, aber kompromissloses Ritual der Vergebung praktizierte.

Ich möchte behaupten, dass jeder Mensch dieser Welt negative Eindrücke in seinem Unterbewusstsein gespeichert hat, die er ein Leben lang mit sich herumträgt!

Jedes negative Gefühl in Deinem Inneren ist prinzipiell auf eine Person oder ein Ereignis oder andere Umstände fixiert. Das ist so, weil negative Empfindungen immer in irgendeinem Kontext entstehen.

Angenommen Du hast Dich als Kind schlecht gefühlt, weil Dein Wunsch zum Geburtstag nicht erfüllt wurde. Du wirst jetzt dieses schlechte Gefühl mit Deinen Eltern verknüpfen, weil sie Dir dieses Verlangen nicht erfüllt haben. Auch wenn ihre Argumente gegen

Deinen Wunsch noch so rational, noch so einleuchtend waren, wird in Dir dennoch ein Gefühl des Mangels und der Wertlosigkeit zurückbleiben. Kann ja sein, dass es nur so eine fixe Idee von Dir war, Du wolltest dieses Geschenk haben, weil ein anderer Schüler aus Deiner Klasse es auch hatte. Du wolltest es, obwohl Du es nicht brauchtest. Natürlich haben Deine Eltern dieses Verlangen als „nicht notwendig" deklassiert, was Dich aber gefühlt in Deinem Wert untergräbt. In diesem Augenblick war das Dein größter Wunsch! Wenn Du dann ein Jahr später Deinen Eltern recht gibst und erkennst, dass dieser Wunsch ja nur ein kurzes Verlangen war, dem keine Notwendigkeit zugrunde lag, dann ist aber dieses negative Gefühl Deinen Eltern gegenüber immer noch in Deinem Unterbewusstsein verankert! Wenn Du Dich nicht darum kümmerst, bleibt es dort, bis Du irgendwann von uns gehst. Dieses Gefühl wird dauerhaft in Deinem Inneren abgespeichert bleiben, so lange, bis Du bereit bist, es aufzulösen.

Aber auch wenn Dir etwas passiert, wo keine andere Person dran beteiligt ist, mal angenommen im Winter ist es draußen glatt, und Du rutschst aus und fällst recht schmerzhaft, dann schimpfst Du auf den Verantwortlichen, der es versäumt hat, zu streuen, oder auf das Wetter, Deine Schuhe oder Dich selbst. Und schon sind wieder negative Gefühle in Dein Unterbewusstsein gewandert. Manchmal sind es auch Grollgefühle gegen den Staat, die schlechte Zeit, das unfreundliche Klima, die rücksichtslosen Menschen im Allgemeinen, die heutige Jugend oder die Ungerechtigkeit schlechthin, die da in Dein Inneres abgelegt werden.

Aber dieses negative Gefühl, gepaart mit vielen, vielen anderen negativen Gefühlen ist es, das verhindert, dass das Gute, das Du Dir schon so lange wünschst, endlich in Dein Leben treten kann. Also solltest Du nun als Erwachsener beginnen, Dein Unterbewusstsein von solchen alten Ressentiments zu befreien. Du kannst mir glauben, dass auch Dein Unterbewusstsein randvoll mit latenter Abneigung, Bosheit, Angst, Eifersucht, Feindschaft und sonstigen negativen Gefühlen gegenüber anderen Menschen, Dir selbst und irgendwelchen Umständen ist.

Falls es Dir nicht so vorkommen sollte, dann liegt das daran, dass Du es einfach gut verdrängt hast, oder auch daran, dass Du es als berechtigt betrachtest, solche Gefühle zu haben.

So ist es z. B. sehr verbreitet, das Schlechte zu hassen. Die Menschen glauben sich im Recht, wenn sie den Kriegstreiber verurteilen oder den vermeintlich Verantwortlichen für das Elend in der Welt.

Aber wir hatten schon im Kapitel Kritik ziemlich ausführlich behandelt, dass es völlig egal ist, wogegen Deine Abneigung besteht. Hass ist Hass, Groll ist Groll – auch wenn Dein ungutes Gefühl im Einklang mit dem Mainstream ist, so ist es eben doch ein ungutes Gefühl, und dieses wird Schaden in Deinem Körper und Deiner Seele anrichten. Die meisten Menschen übernehmen gar keine Verantwortung für ihr Inneres. Wenn sie hassen, dann erklären sie

Dir, warum sie es tun, und dabei sehen sie die gesamte Verantwortung nur beim anderen, niemals bei sich selbst.
Es ist wie Gift, da spielt es auch keine Rolle, aus welcher Motivation heraus Du dieses Gift Deinem Körper zuführst.
Es wird Schaden anrichten, das ist sicher! Das Vergebungsritual ist wie eine emotionale Entgiftungskur.
Wenn Du jemandem nicht vergibst, erlaubst Du ihm weiterhin, mentale Gewalt gegen Dich auszuüben und somit Deine Gefühlswelt zu zerstören.
Nicht indem Du andere bekämpfst, wirst Du glücklich, sondern indem Du den Hass und die Missgunst in Deinem Inneren überwindest!
Sieh Dir die Entwicklung der Antipathie zwischen zwei Menschen an, vielleicht bei einem ehemaligen Ehepaar.
Oftmals fängt es mit einem Missverständnis an, einer der beiden tat etwas, um den anderen aufzurütteln, dieser empfand es als Angriff und tat nun seinerseits etwas, was den Partner verletzte. Nach einer gewissen Zeit liegt ihre Ehe in Trümmern, die Verletzungen sind zu groß, um eine Fortführung der Beziehung in Betracht zu ziehen. Nun haben beide einen Ex-Partner und hassen diesen leidenschaftlich, jeder glaubt nun, dass der andere der Böse ist, und beide glauben, ihr Hassgefühl dem Verflossenen gegenüber sei ja gerechtfertigt. Aber eigentlich waren sie von den Ereignissen getrieben, niemand hat daran Schuld, niemand ist in dieser Situation der Gute und niemand der Böse. Jeder tat in dem

Augenblick das, was er selbst als gerechtfertigt ansah. Sich nun hinzustellen und zu sagen: *Du hättest in dieser Situation auch anders handeln können!*, ist nicht zielführend. Zu sagen: *Es tut mir leid, ich habe falsch ...*, ist ebenfalls nicht sehr hilfreich. Die Erkenntnis, dass der andere das tat, wovon er glaubte, es sei richtig oder zumindest gerechtfertigt, ist der erste Schritt, um zu vergeben.

Eigentlich gibt es nichts Schlechtes, das Schlechte ist im Grunde nur der Glaube, dass andere böse sind und deswegen falsch handeln. Im Grunde ist es der Hass selbst, der bekämpft werden muss, aber den kann jeder nur für sich selbst, in seinem eigenen Inneren bekämpfen. Im Grunde ist es auch kein Kampf, der gegen etwas geht, sondern einer, der mit der Erkenntnis beginnt, dass sich der andere - aus seiner Perspektive - ebenfalls im Recht befand. Daraus folgt dann, dass man den - in diesem Falle Ex- Partner - verstehen kann, und dann fällt die Vergebung leicht und der Hass schwindet!

Es ist heute schon anerkannt, dass Menschen, die sehr viel Hass in sich tragen, wesentlich mehr zu Krankheiten neigen als Frohnaturen, die sich um das von ihnen Erwünschte kümmern. Auch gibt es z. B. Studien, die belegen, dass verliebte Menschen wesentlich weniger Infektionskrankheiten bekommen als andere.

Auch die 1998 veröffentlichte „Terman-Life-Cycle-Studie", die in einem wahren Kraftakt die Daten von über 400 Personen über 70 Jahre auswertete, kam zu dem eindeutigen Schluss, das Optimisten glücklicher und gesünder sind sowie auch länger leben. Also zahlt es sich immer aus, negative Gefühle zu eliminieren.

Der VIS-FOR-LO® Lifestyle ist nicht dafür geschaffen, Dein Leben so um vielleicht zehn Prozent zu verbessern, ich habe dieses Prinzip ins Leben gerufen, weil ich aus eigener Erfahrung weiß, dass es ohne große Umstände möglich ist, sein Leben absolut gravierend zu verbessern!

Genau deswegen ist es das Ziel, überhaupt keine negativen Gefühle mehr zu empfinden. Für viele mag sich das ziemlich unwahrscheinlich oder gar absurd anhören, aber ich weiß aus Erfahrung, dass es durchaus realisierbar ist. Die Vergebung ist das mächtigste Werkzeug, um genau das zu erreichen. Wenn Du diesen Lifestyle eine Weile praktizierst, wirst Du merken, dass Deine negativen Gefühle zuerst weniger werden und irgendwann einfach nicht mehr vorhanden sind. Es wird eine Weile dauern, aber je mehr die Negativität in Deinem Inneren nachlässt, umso weniger wirst Du Dich auf unerwünschte Dinge in der Welt fokussieren.

Du wirst beginnen, absolut vollautomatisch Deine Aufmerksamkeit mehr auf die Dinge und Begebenheiten zu richten, die Du magst! Selbst wenn dann mal etwas in Deine Erfahrung tritt, was Du nicht möchtest, wirst Du dem nicht mehr so viel Bedeutung beimessen wie vorher. Du wirst Dir relativ entspannt sagen: *Ach, das geht schnell vorbei!* Oder: *Das hat keine große Bedeutung für mein Leben.*

In der Bibel ist vom reinen Herzen die Rede. Rein ist sauber, und sauber ist es dann, wenn kein Schmutz drauf ist. Hass, Verbitterung, Abneigung, Neid, Eifersucht, Niedertracht usw. sind emotionaler

„Selig sind, die reinen Herzens sind;
denn sie werden Gott schauen.“
- Matthäus 5,8 -

Schmutz; die Vergebung ist dazu geschaffen, Dein Inneres sauber zu bekommen und im Anschluss rein zu halten.

Durch Vergebung lässt Du alle alten Lasten los, die auf Deinem Herzen liegen, und Du kannst leichter und unbeschwerter Deinen Weg gehen. Das ist auch logisch, dass Dein Gemüt fröhlicher wird, wenn es befreit ist von Hass, Abneigung und Hader gegenüber anderen Menschen.

Ich bin der Meinung, dass sollte das Erste sein, was ein Kind in der Schule lernt: dass es besser ist, seinen Zeitgenossen mit Verständnis und Wohlwollen zu begegnen und eventuelle verbale Angriffe als deren Schwäche zu interpretieren und ihnen zu vergeben.

Ich glaube fest daran, dass das Leben vieler Menschen so in wesentlich besseren Bahnen verlaufen würde, sie würden glücklicher sein und mehr Lebensfreude empfinden. Das würde natürlich auf andere Menschen abfärben, und das Zusammenleben vieler könnte wesentlich entspannter vonstattengehen. Konflikte, wie wir sie heute oft beobachten, würden nach und nach verschwinden.

Aber unsere Aufgabe soll es erst mal nicht sein, die Welt zu verändern, sondern vielmehr uns selbst zu reformieren, um so ein wesentlich schöneres Leben zu führen. Wenn wir das tun, verändern wir natürlich auch unseren Planeten ein wenig zum Besseren.

Wenn Du dann selbst ein glücklicher Mensch geworden bist, färbt das natürlich auf andere ab. Du wirst gefragt werden, wie Du das anstellst, immer so gelassen zu sein, immer zu lächeln, und was Du denn tust, dass Dir das Glück aus jeder Pore zu leuchten scheint.

Dabei machst Du gar nichts, um Dein Wohlgefühl in dem Sinne zu erhöhen, was Du tust, ist lediglich das Negative aus Deinem Unterbewusstsein zu verbannen. Ich finde es auch recht verständlich, dass, wenn das Schlechte verschwindet, dann das Gute eine wesentlich höhere Dominanz erreicht. Es werden einfach die Schatten von Deiner Seele genommen, und Dein Licht kann wesentlich heller scheinen als vorher!

Ich habe ein Vergebungsritual entworfen, das Du täglich ausführen solltest.

Es ist von Vorteil, Dir einen ruhigen Ort suchen, wo Du weitgehend ungestört bist; sehr wichtig ist, dass dort weder Radio noch Fernseher laufen, Dein Telefon abgeschaltet ist und Du Deiner Familie sagst, dass Du diese Zeit für Dich selbst brauchst.

Du nimmst Dir einen Schreibblock und einen Stift und schreibst auf ein Blatt Papier:

Ich habe allen Menschen dieser Welt restlos und absolut vergeben, ich HABE vergeben, ALLEN ALLES!

Du kannst diesen Satz auch abändern, wenn es sich für Dich besser anfühlt, aber natürlich sollte der Sinn dessen erhalten bleiben.

Wenn Du diesen Satz geschrieben hast, schließt Du Deine Augen und gehst zu einer Person aus Deiner Vergangenheit, die Du nicht besonders mochtest.

Du solltest jetzt nicht zuerst zu den „harten Fällen" gehen, bei denen Du starken Groll verspürst.

Auch solltest Du akute Fälle meiden, gehe also auch nicht zu einer Person, die Dich heute besonders geärgert hat. Du wärst nur wieder schnell im Muster von Verurteilung und Negativität gefangen. Ich plädiere immer dafür, anfangs zurück in die Schulklasse von damals zu gehen, sich einen Mitschüler auszusuchen, den man nicht besonders mochte. Am besten einen, der Dir nie etwas getan hat, sondern den Du einfach nicht besonders gern hattest. Denn auch dieses „nicht mögen" ist nichts anderes, als eine Abstufung von Hass oder Groll. Er war Dir unsympathisch, weil er etwas an sich hatte, was Dich in irgendeiner Form gestört hat. Inzwischen hast Du ja schon verinnerlicht, dass es nicht die andere Person ist, die dafür verantwortlich war, dass Du negativ über ihn dachtest. Seine Freunde mögen oder lieben ihn sogar. Also gehe nun in Gedanken zu diesem Mitschüler und sage ihm etwas in der Art: *Du bist, wie Du eben bist, ich habe kein Recht, darüber zu urteilen. Ich vergebe Dir alles, was Du an Dir hattest, was in mir ungute Gefühle ausgelöst hat!*

Auch diesen Satz kannst Du so abändern, dass er sich für Dich gut anhört.

Nun öffnest Du die Augen wieder und schreibst erneut den ersten Satz auf. Danach schließt Du wieder Deine Augen, gehst wieder zu jemandem aus der Vergangenheit, gibst ihm die Hand und sagst ihm Satz Nr. 2.

Das Schreiben des ersten Satzes hat den Sinn, dass Du einfach bei der Sache bleibst.

Wenn Du versuchen solltest, die gesamte Übung mit geschlossenen Augen zu machen und von Person zu Person zu schreiten, besteht die Gefahr, dass Du recht schnell beginnst abzuschweifen. Dieses Schreiben des ersten Satzes brennt diesen in Dein Kurzzeitgedächtnis ein, und Du bleibst wesentlich leichter bei der Sache. Auch wenn Du mal eine kurze Pause machst, vielleicht mal zur Toilette musst, wird Dich dieser Satz im Geiste dahin begleiten.
Du solltest versuchen, dieses Ritual eine ganze Stunde am Stück zu praktizieren. Wenn Du die Mitschüler, die Du nicht so sehr mochtest durch bist, gehst Du eben in das Lehrerzimmer, auch dort findest Du mit Sicherheit Menschen, denen Du nicht allzu gut gewogen warst.
Es ist Dir sicherlich verständlich, dass ja nun das negative Gefühl dem anderen gegenüber nicht von einem imaginären Händeschütteln restlos getilgt ist. Angenommen da war ein Lehrer, von dem Du Dich nicht gern unterrichten ließest. Weiter angenommen es war ein Hauptfach und Du hattest diesen Lehrer vier Schuljahre hindurch jede Woche drei bis vier Stunden. Dann hattest Du genug Zeit, negative Gefühle ihm gegenüber aufzubauen, also kannst Du natürlich nicht erwarten, dass diese nun in einer Minute alle neutralisiert sind. Richte Dich also darauf ein, diesen ehemaligen Lehrer des Öfteren in Deinem Ritual zu begegnen.
Oder angenommen Deine Eltern haben Dich bevormundet, Dich gering geschätzt, Dir Verbote auferlegt, Dich bestraft, vielleicht haben sie Dich sogar geschlagen. Dann ist das nicht mit einer

gedanklichen Umarmung ausgemerzt. Da hat sich über viele Jahre negative Energie aufgebaut, destruktive Gefühle sind tief in Deinem Inneren verankert. Da dauert es natürlich auch seine Zeit, bis diese unschönen Emotionen neutralisiert sind. Aber vom ersten Tag an wird es sich verbessern, die Wut wird kleiner, das Verständnis wird größer.

Wenn Du diese Übung schon eine Weile ausführst, wirst Du bemerken, wie Deine Gefühle diesen Personen gegenüber immer besser werden. Nach einer gewissen Zeit wirst Du diesem Lehrer wieder in Deinem Ritual begegnen, und Du wirst feststellen, dass er Dir irgendwie sympathischer als vorher ist. Das könnte Dich erst mal etwas verwundern, aber es wird ein gutes Gefühl sein. Ich kann Dir prophezeien, dass der Tag kommen wird, an dem Du Dich überhaupt nicht mehr erinnern kannst, was Du damals gegen ihn hattest. Du kannst es einfach nicht mehr verstehen, weil Du ihn jetzt aufrichtig magst.

Auch wenn sich das erst mal unwahrscheinlich für Dich anhören mag, ich kann Dir versprechen, dass es auch bei Dir so sein wird, wenn Du diese Übung ausdauernd praktizierst.

Nachdem Du eine Weile bei den leichten Fällen verweilt bist, solltest Du Dich nun auch an Menschen heranwagen, wo stärkere negative Emotionen abgespeichert sind. Da sind Eltern und andere Familienmitglieder immer die allererste Wahl. Ich persönlich glaube, dass niemandem mehr negative Emotionen entgegengebracht wurden als unseren Eltern. Niemand sonst hat uns so sehr geprägt, niemand sonst hat uns so sehr bevormundet und unterdrückt. Ich weiß, dass es vielen Menschen nicht so vorkommt, sie sind es gewohnt, ihre Eltern zu lieben, und verdrängen aus diesem Grunde die Schmach, die ihnen bereitet wurde.

Als ich 20 Jahre alt war, hatte ich ein ziemlich schlechtes Bild von meinem Vater und ein hervorragendes von meiner Mutter. Mein Vater hat mich vollkommen ignoriert, also fühlte ich mich abgelehnt. Als junge Erwachsene hatten mein Bruder und ich lediglich ein paar Kraftausdrücke auf Lager, wenn die Sprache auf unseren Vater kam.

Aber ich habe meine Vergebungsarbeit geleistet; wenn ich heute meinem Vater im Geiste begegne, dann treffe ich dort einen guten Freund.

Ich weiß nicht mal, ob mein Papa überhaupt noch lebt, aber im Grunde spielt es für mich auch keine Rolle. Aus <u>meinem</u> Inneren sind die negativen Gefühle ihm gegenüber getilgt. Das bringt <u>mir</u> Freiheit davon! Und genau das ist es, was auch für Dich wichtig ist, dass <u>Du</u> frei wirst von all dem Hass, Groll und den Ressentiments anderen gegenüber. Diese Menschen brauchen es niemals zu erfahren, was Du da tust, es geht bei Vergebung lediglich um <u>Dein eigenes</u> Seelenheil!

Als ich damals meine Vergebung begann, kippte allerdings auch erst mal das überaus positive Bild von meiner Mutter, was vorübergehend ein wenig schmerzhaft war. Viele Dinge, die sie tat, waren einfach verdrängt gewesen, und durch das Vergebungsritual traten sie wieder in mein Bewusstsein. Da fragte ich mich, warum sie so gehandelt hat? In Gedanken begann ich nun, sie zu verurteilen. Aber ich praktizierte weiterhin ausdauernd den VIS-FOR-LO® Lifestyle und so konnte ich auch meiner Mutter vergeben und begegne ihr heute in Gedanken ausschließlich mit Liebe. Du solltest Dich also darauf einrichten, dass es auch schmerzhaft werden kann, wenn verdrängte Begebenheiten wieder ans Tageslicht gezerrt werden. Aber erst dadurch wirst Du in die Lage versetzt, diese Gefühle aufzulösen. Vorher waren diese Emotionen zwar tief in Deinem Inneren weggesperrt, aber sie waren ja dennoch da! Jeder weiß, dass latenter Hass genauso an einem Menschen nagt, wie es auch bei offenem Hass der Fall ist. Die einzige Möglichkeit, die es gibt, wenn Du diese Gefühle aus Deinem Inneren entfernen möchtest, ist wirklich hartnäckig Deine Vergebung zu praktizieren. Auch Menschen mit denen man eine Liebesbeziehung oder gar Ehe geführt hat, sind sehr oft die „härteren Fälle", wo wirklich starke Gefühle zutage treten, wenn man an diese Personen denkt. Oft verurteilt man sie in Gedanken und schreibt ihnen die alleinige Verantwortung für die gescheiterte Beziehung oder das gebrochene Herz zu. Bei der Vergebung ist es wichtig, dass Du nicht mehr danach fragst, wer denn nun das Scheitern der Ehe hervorgerufen hat, entscheidend ist, dass Du dieses negative Gefühl dem anderen gegenüber aus Deinem Inneren entfernst! Deshalb ist eine Schuldfrage bei der Vergebung völlig irrelevant, weil Du nicht zu

Gericht gegen den ehemaligen Ehepartner sitzt, sondern Du bist bemüht, Dein Herz von negativen Gefühlen zu befreien!
Du kannst Dich auch einfach in vergangene Situationen einfühlen. Wenn Du Dich in eine Situation aus der Vergangenheit reindenkst, könnte sich das so anhören:
Du bist, wie Du bist, aus Deiner Sicht der Dinge war es richtig oder notwendig, in gewisser Weise, wenn ich wirklich versuche, mich in Deine Situation einzufühlen, kann ich Dich sogar verstehen. Wenn ich bedenke, dass Du unter starkem Stress gestanden hast, Dich ungerecht behandelt fühltest, kann ich zumindest erahnen, dass Du das als richtig, gerechtfertigt oder zumindest als notwendig betrachten konntest, was Du getan hast.
Es tut mir leid, dass es sich so entwickelt hat, aber weder Du noch ich hatten das noch unter Kontrolle, wir waren beide von den Ereignissen getrieben, ich vergebe Dir das alles!
Aber selbst wenn Dir solch ein „Reinfühlen" und das damit verbundene Verständnis nicht gelingen, solltest Du dennoch vergeben! Es fällt ohne Verständnis zwar schwerer, aber es ist dennoch durchaus machbar!
Vergeben solltest Du nicht nur, wenn Du Groll gegen andere hast, sondern auch wenn Du über sie lediglich die Nase rümpfst oder sie als einfältige Menschen betrachtest, denn auch Geringschätzung ist ein negatives Gefühl, das sich in Deinem Unterbewusstsein eingenistet hat!

Ich kann mich da an einen Verwandten von mir erinnern, den ich als Erwachsener verachtet habe. Er hat mir nie etwas getan, war immer nett zu mir, aber in meinen Augen war er ein großer Versager. Als junger Mann hatte er Ziele und Träume, die er zu leben gedachte. Er wollte viele Kinder haben, er wollte ausgiebig Zeit in der Natur verbringen, sich um Tiere kümmern. Die Frau, die er heiratete, mochte weder Mutter werden oder Tiere im Haus haben, noch wollte sie ins Grüne ziehen. In ihrem Zusammenleben hat sie sich in allen Punkten durchgesetzt. Als alter Mann war dieser Onkel in einer sehr unbefriedigenden Ehe gefangen und blickte auf ein sehr klägliches Leben zurück, er ist nie Vater geworden, hat nie erlebt, was er eigentlich erfahren wollte, und nun saß er verbittert, vom Leben und Alkohol gezeichnet, vor dem Fernseher und fristete ein ziemlich verdrießliches Dasein. Inzwischen ist er schon von uns gegangen, aber immer wenn ich an ihn dachte, hatte ich dieses Bild eines Versagers vor mir. Irgendwann beschloss ich, ihn in mein Vergebungsritual mit einzubeziehen. Ich habe ihm vergeben, dass er diese Gefühle der Geringschätzung, des Missfallens in mir auslöste, und ich vergab mir selbst, dass ich in ihm einen Loser gesehen habe.
Nach einer Weile bemerkte ich, dass sich das Bild, das ich von ihm hatte, zu wandeln begann. Es wurde Stück für Stück besser. Wenn ich ihm heute im Geiste begegne, dann sehe ich diesen humorvollen, liebenswerten Mann, wie ich ihn aus meiner frühen Kindheit her kannte. Wie bereits erwähnt, ist er vor einiger Zeit dahingeschieden, also hat er selbst natürlich keinen Nutzen davon, aber ich habe

diesen Nutzen, denn wo vorher Geringschätzung in meinem Unterbewusstsein war, ist jetzt Freundschaft und Liebe, und es fühlt sich hervorragend an. Dieses Ritual der Versöhnung bewirkt wirklich Wunder!

Die Krönung dieser Vergebungshandlung sollte sein, dass Du diese Menschen im Geiste siehst und an das Schönste denkst, was Du von ihnen weißt, also bewusst nach ihren guten Seiten suchst. Viele, denen Du vergeben solltest, sind Menschen, die Du auch geliebt hast, wie Verwandte oder verflossene Partner, denke an die schönsten Momente mit ihnen zurück und sende ihnen im Geiste Liebe!

Fast alle Religionen preisen die Vergebung, aber kaum eine von ihnen zeigt auf, wie man es denn wirklich anstellt, zu verzeihen.

Ich weiß, dass viele vergeben möchten, weil sie merken, dass sich dieser Groll nicht gut anfühlt, aber sie wissen nicht, wie sie es bewerkstelligen sollen. Und die mir bekannten Religionen gehen nicht darauf ein, wie man es tun sollte. Sie setzen voraus, dass Du klug genug bist, diesen Weg selbst zu finden.

Natürlich hat niemand vergeben, indem er das jetzt verbal feststellt, weil er es eben so möchte. Und somit bleiben es bei den meisten Menschen Lippenbekenntnisse, die keinen wirklichen Mehrwert für sie darstellen.

Auch wird es oft so gezeichnet, als ob Vergeben werden soll, um dem anderen damit etwas Schönes zu geben. Aber das ist nicht wirklich so. Wenn Du Deinem Mathelehrer von vor 20 Jahren vergibst, dann tust Du ihm damit nichts Gutes. In den allermeisten Fällen wird er niemals etwas davon erfahren. Viele Menschen, denen Du dringend verzeihen solltest, sind vielleicht schon tot. Aber das negative Gefühl in Deinem Inneren lebt weiter und richtet Schaden an Deiner Seele und damit in Deinem Leben an.

Viele Hilfesuchende berichten mir, dass sie nach kurzer Zeit niemanden mehr finden, dem sie vergeben sollten. Ich bin der Meinung, dass das nie ein Ende hat. Es sind unendlich viele negative Gefühle anderen gegenüber gespeichert.

Sicher kennst Du auch den Ausspruch: *Jeder normale Mensch würde das so tun* ... Es gibt keine normalen Menschen, normal kommt von Norm! Kennst Du das, wenn Du einen Film schaust, dass Du denkst: *Warum tut der das?* Oder: *An seiner Stelle würde ich ja mal* ... Auch da ist Vergebung angesagt, denn auch dort legst Du negative Emotionen auf dem Unterbewusstsein ab, weil eine andere Person nicht so handelt, wie Du glaubst, handeln zu müssen. Egal ob Film oder Realität – das negative Gefühl ist das gleiche. Wie oft hast Du so etwas schon gedacht? Wie viele schlechte Gefühle hast Du gegenüber irgendwelchen Politikern gespeichert? Wo oft denkst Du in Geringschätzung, wenn Du Nachrichten schaust?

Es ist Dir hoffentlich bewusst, dass Du damit einen anderen Menschen verurteilst und die negativen Emotionen auf Deinem eigenen Unterbewusstsein gespeichert hast. Diese müssen nun wieder gelöscht werden! Also sind es nicht nur die Menschen, die Du persönlich kennst, denen Du vergeben solltest, sondern es sind wirklich alle Menschen, an die Du Dich erinnern kannst, auch

längst verstorbene Diktatoren oder Eroberer könnten dazugehören, wenn Du negative Gefühle mit ihren Handlungen verknüpfst.
Ich habe in jahrelangen Studien herausgefunden, dass ein Mensch ein Ereignis immer so im Unterbewusstsein abspeichert, wie er es zum Zeitpunkt seiner Betrachtung wahrgenommen hat! Das ist sehr wichtig zu erkennen, denn oftmals sind da Begebenheiten, die uns heute als vollkommen nichtig erscheinen. Mir kam bei meinem Vergebungsritual einmal eine Begebenheit in den Sinn, bei der ich vielleicht vier Jahre alt war. In dieser Situation kam ich in die Küche, in der meine Eltern standen, lehnte mich lässig mit einem Arm an den Türpfosten und hatte dabei ein paar Finger zwischen Tür und Angel. Nun kam mein Vater und tat zum Spaß so, als schließe er unter großem Kraftaufwand die Tür und klemmte meine Finger dabei ein. Natürlich ist nichts passiert, es war ja nur ein Scherz. Aber ich hatte Angst und weinte, und meine Mutter stand in der Küche und lachte. Das wurde genau so, 1:1 wie es der kleine Junge erfahren hatte, abgespeichert und blieb über 30 Jahre dort genau so hinterlegt.
Ich hatte Angst, und meine Mutter lachte mich aus. Also musste ich das meiner Mutter vergeben, obwohl natürlich aus heutiger Sicht gar kein Grund vorhanden war, etwas zu vergeben, weil es ja nur ein Spaß war, weiter nichts.
Aus diesem Grunde bringt Dich die Erkenntnis, dass z. B. Deine Eltern früher recht hatten, nicht zum Ziel. Deine Intention ist es, ein wunderbares Leben zu führen, dazu solltest Du ein reines Herz

haben, oder anders ausgedrückt, die Inhalte Deines Unterbewusstseins von negativen Emotionen reinigen. Ich habe mich in dieser geschilderten Situation eben bedroht gefühlt, hätte erwartet, dass sie mir zur Hilfe eilt, und so wurde das Lachen meiner Mutter negativ gewertet. Also ist da ein destruktives Gefühl im Unterbewusstsein, das nicht durch einfache Erkenntnis neutralisiert wird, sondern erst durch Vergebung. Auch Du hast viele Handlungen Deiner Eltern Dir gegenüber als falsch empfunden, und genauso wurde es in Deinem Inneren hinterlegt.

Also gehe zurück in diese Situationen und vergib Deinen Eltern oder auch anderen Personen, und werde so in Deinem Herzen immer reiner! Tag für Tag ein klein wenig, und Dein Leben wird ebenfalls mit jedem Tag etwas lebenswerter werden.

Wenn Du beginnst zu schreiben, kann es passieren, dass Du Dich nicht richtig konzentrieren kannst. Mache einfach beharrlich weiter, die Aufmerksamkeit kommt meist von allein. Nach einer gewissen Zeit wirst Du voll bei der Sache sein, und es fühlt sich hervorragend an. Wenn es an manchen Tagen besonders schwer mit der Aufmerksamkeit ist, empfehle ich die Vergebung eher allgemein zu halten, das ist dann wie das Rasenmäher-Prinzip. Ich blicke dann beispielsweise auf meinem Heimatort oder den Schulhof und sage: Ich habe EUCH ALLEN vergeben! Nach einer Weile setzt für gewöhnlich eine höhere Konzentration ein, und ich kann zu bestimmten Personen gehen und diesen verzeihen.

Ich empfehle gern, in das Vergebungsritual auch noch Dankbarkeit mit einfließen zu lassen.
Das ist eigentlich ziemlich einfach zu handhaben, aber der Nutzen für Dich ist enorm. Die Dankbarkeit ist ein wunderbares Gefühl, das sich aber dennoch stark von Gefühlen wie Vergebung oder Liebe unterscheidet. Indem Du bewusst die Dankbarkeit mit einbeziehst, wird einfach die Bandbreite Deiner positiven Gefühle größer, und damit wächst auch das Gute, das Du in Dein Leben ziehst. Das ist ebenso wie bei negativen Gefühlen; wenn jemand hasserfüllt ist, so ist das natürlich nicht gut für sein eigenes Leben, aber wenn er darüber hinaus nun auch noch starke Gefühle der Angst empfindet, wird es in seinem Leben noch ungemütlicher werden.
So wird es in Deinem Dasein noch viel angenehmer, wenn Du Deine positive Gefühlspalette noch mit Dankbarkeit bereicherst.
Wenn Du jetzt mit Deiner Vergebungsübung beschäftigt bist und zum Beispiel einem Elternteil vergibst, kannst Du Deiner Mutter auch noch Dankbarkeit bekunden, dass sie Dir trotz der Differenzen, die ihr hattet, eine gute Kindheit ermöglicht hat.
Du fügst also diese kurze Bekundung Deiner Dankbarkeit einfach als Satz Nr. 3 an. In etwa: *Danke Mutter, dass Du mir eine ziemlich glückliche Kindheit ermöglicht hast!*
Danach öffnest Du Deine Augen und schreibst wieder Satz Nr. 1 usw.
Auch bei Menschen wie zum Beispiel unliebsame Mitschüler oder Kollegen wirst Du, wenn Du Dich bemühst, immer etwas finden,

wofür Du ihnen dankbar sein kannst. Vielleicht haben sie Dir nur vor Augen geführt, was Du nicht willst, und so eine Tür geöffnet, um zu erkennen, was Du willst. Auch wenn Du sie nicht mochtest, vielleicht haben sie Dich dennoch inspiriert. Egal, sag einfach Danke und versuche, es zu fühlen. Ein leeres Wort wird Dir nichts nutzen, aber das empfundene Gefühl der Dankbarkeit wird in jedem Falle Dein Leben bereichern.

Selbstvergebung

Ich glaube, dass sich selbst zu vergeben noch wesentlich wichtiger ist, als es gegenüber anderen zu praktizieren. Ich denke sogar, dass sich selbst zu verzeihen die unabdingbare Grundlage ist, um seinen Mitmenschen überhaupt vergeben zu können.

Keine andere Übung ist auch nur ansatzweise in der Lage, Dein Selbstbewusstsein schneller und nachhaltiger zu steigern als die Selbstvergebung. Diese schafft es, sämtliche Schuldgefühle in Deinem Herzen aufzulösen. Viele Menschen weigern sich zu verstehen, dass diese Schuldgefühle in ihrem Inneren dafür verantwortlich sind, dass sie so viel Leid in ihrem Leben erfahren! Sie geben ihren Mitmenschen die Verantwortung für ihr unbefriedigendes Dasein. Dadurch bleiben die Schuldgefühle unangetastet, aber der Groll anderen gegenüber wächst, und so vermehrt sich auch das Unerwünschte in ihrer Erfahrung.

Wenn Sie dann alt und krank sind, bereuen sie ihre Handlungen von früher, jeder kennt Sätze wie: *Wenn ich die Zeit zurückdrehen könnte!* Aber wer genau hat nun einen Vorteil durch ihre Reue?

Es sind unendlich viele negative Gefühle gegen Dich selbst in Deinem Unterbewusstsein gespeichert. Vieles wurde von anderen durch ihre Kritik an Dich und Deinem Verhalten dort abgelegt, vieles aber auch durch Dich selbst. Wie oft hast Du Dich selbst verurteilt, nur weil Du etwas nicht zu Deiner Zufriedenheit oder dem Anspruch anderer verrichten konntest? Oder weil Du Dich nicht wagtest, Deine Wünsche offen zu äußern, Deine Meinung unverblümt zu kommunizieren?

Mangelndes Selbstvertrauen ist eine der schlimmsten Zivilisationskrankheiten, die es gibt. Was wurden damit schon für Chancen vertan, nur weil Menschen sich aufgrund ihrer Prägung für minderwertig hielten oder sie nicht den Mut aufbrachten, ihre Arbeitsstelle zu wechseln, ihren Traumpartner anzusprechen, um einen Gefallen zu bitten oder einfach nur ihren eigenen Weg zu gehen.

Manche Dinge wären so einfach, wenn man sie denn beginnen würde! Was verliert man, wenn man seinen Traumpartner anspricht? Man kann eigentlich nur gewinnen, aber die meisten glauben einfach nicht, dass sie selbst so wertvoll seien, dass der andere sich für sie interessiert. Und genau durch dieses mangelnde Selbstvertrauen entstehen sehr oft negative Gefühle anderen gegenüber. Ich war in meiner Kindheit auch sehr schüchtern und weiß, dass ich Menschen, die extrovertiert waren, nur aufgrund ihres offen zur Schau gestellten Selbstbewusstseins nicht besonders mochte. Das war im Grunde betrachtet Neid auf ihre Unbeschwertheit. Ich wäre selbst gerne so gewesen, konnte aber einfach nicht aus mir herausgehen, weil mir in meiner Erziehung vermittelt wurde, dass ich nicht viel wert bin.

Unser Vater ließ uns einfach links liegen und das nicht nur so ein bisschen, sondern wirklich so richtig! Ich kann mich nicht erinnern, dass mein Dad und ich auch nur <u>einmal</u> ein paar

zusammenhängende Sätze gesprochen hätten, die nichts mit dem normalen Tagesablauf zu tun hatten. Wenn er etwas wollte, z. B. dass wir nicht über die Beete im Garten laufen sollten, dann hat er das unserer Mutter gesagt und diese reichte seine Bitte an uns weiter. Es wurde buchstäblich nur das Notwendigste geredet.
Das lag daran, dass mein Vater sich sehnlichst Mädchen gewünscht hatte, nun sind wir aber zwei Söhne geworden, und mit Jungen konnte er nun mal absolut gar nichts anfangen.
Meine Mutter erzählte mir einmal, dass mein Vater nach meiner Geburt ins Krankenhaus kam und er sie als Erstes fragte, was es denn geworden sei. Als sie ihm sagte, dass es wieder ein Junge ist, hat er mich noch nicht einmal angeguckt, ich war schon ab diesem Moment an völlig uninteressant für ihn. Er hat im wahrsten Sinne des Wortes das Krankenhaus wieder verlassen, ohne seinen Sohn auch nur eines einzigen Blickes gewürdigt zu haben!
Ich erzähle Euch das hier nicht, um meinen Vater zu verurteilen, nein, er war auf seine Art eben, wie er war. Ich habe da meine Vergebungsarbeit geleistet! Jeder Mensch ist, wie er ist, und für mich gibt es aus heutiger Sichtweise keine schlechten Menschen, er konnte nun mal nichts mit Jungen anfangen, was sollte er selbst dagegen tun?
Angenommen, Du magst keine Katzen, lernst dann aber einen Partner kennen, der sehr gut zu Dir passt, aber eine Katze hat. Was würdest Du tun? Vermutlich würdest Du die Zeit mit dem Partner genießen wollen, und Du würdest die Katze einfach ignorieren, das

stellt ein völlig normales menschliches Verhalten dar. Du kannst nicht einfach etwas auf Bestellung gut finden, was Du eigentlich nicht magst. Man kann sich auch nicht bemühen, es nun zu mögen, so funktioniert die Welt einfach nicht.

Aus welchen Gründen auch immer, mein Vater war eben so geprägt, dass er Jungen nicht besonders mochte.

Nun macht es natürlich einen Unterschied, ob Du eine Katze ignorierst oder einen kleines Kind. Die Katze würde Dich ebenfalls ignorieren, ohne einen Schaden davonzutragen. Auch wir gingen unserem Vater, so gut es ging, aus dem Weg, aber wenn jemand vom ersten Tage seines Lebens diese Abneigung spürt, dann ist es ziemlich normal, dass dieser Mensch tief greifende Minderwertigkeitskomplexe entwickelt.

Nun ist natürlich nicht jeder Mensch so intensiv abgelehnt worden wie mein Bruder und ich, aber uneingeschränkte Liebe, egal was man tut, erfahren Kinder auch sehr selten. Darüber hinaus wird nahezu jedes Kind in seiner freien Entscheidungsfindung beeinträchtigt, bevormundet, belehrt usw. Dadurch ist es ziemlich normal, dass Menschen nicht über genügend Selbstvertrauen verfügen.

Aber nun sind wir erwachsen und können die Kerben unserer Erziehung wieder ausmerzen.

Viele verwechseln Selbstvergebung mit Buße tun und sie denken, sie sollten sich bei anderen entschuldigen, um Verzeihung bitten und ihre Taten bereuen, aber das wäre der völlig falsche Ansatz! Es geht nicht darum, dass andere Dir vergeben, dass muss derjenige mit sich selbst ausmachen. So wie auch Du Deine Vergebung mit Dir allein ausfechten musst. Es ist ausschließlich eine Sache zwischen Dir und Deinen negativen Gefühlen auf Deinem Unterbewusstsein. Im Grunde ist es bei der Selbstvergebung ebenso, es ist eine Sache zwischen Dir und Dir!

Es sollte Dir nicht leidtun, was Du tatest, dann könntest Du auch gleich zu Deiner Mutter sagen, es tat Dir leid, dass Du damals in die Windeln gemacht hast. Aber das konntest Du nicht anders tun.

Diese Auffassung, dass alles was Du getan hast, gut, richtig oder zumindest notwendig war, ist die einzige Einstellung, die Dir inneren Frieden bringen kann. Jede Form von: *Es tut mir leid, was ich damals getan habe ...* bringt nur weiteres Leid. Es ist eine Kette ohne Ende, Du entwickelst Dich weiter, also könntest Du aufgrund Deines aktuellen Erfahrungsschatzes Deine Handlung von gestern bereuen. Da sich niemand der Weiterentwicklung verweigern kann, gibt es da nur zwei Lösungen: Entweder Du bereust Dein ganzes Leben lang Deine Taten von gestern, oder Du beginnst Deine persönliche Freiheit anzunehmen, indem Du Dir selbst und anderen sagst: *Ich war zu diesem Zeitpunkt eben so, habe meine Taten für richtig, gut oder zumindest notwendig erachtet, also bin ich nicht geneigt, mich dafür zu entschuldigen!*

Mit „es tut mir leid, was ich getan habe“ erschaffst Du eine Schuld, die eigentlich nicht existiert!

Nein, es tut mir nicht leid, dass ich früher in die Windeln gemacht habe, es tut mir nicht leid, dass ich mal in der 6. Klasse einen Mitschüler geschlagen habe, ich bereue auch nicht, dass ich mit 14 Jahren beim Rauchen erwischt wurde, nicht, dass ich öfter meine Mutter belogen, und auch nicht, dass ich später mal eine Partnerin verlassen habe! Wenn ich all das gemacht habe, werde ich zu diesem Zeitpunkt gewiss meine Gründe dafür gehabt haben, also warum jetzt nachträglich eine Schuld erschaffen?
Ich fühle mich nicht schuldig und lasse mir auch nichts anderes von Leuten, die meine Handlungen verurteilten, einreden!
Wenn man mit seinem heutigen Erfahrungsschatz seine Vergangenheit betrachtet und nun beginnt, alle Handlungen, die man heute anders tätigen würde, zu bereuen, würde man in einem Teufelskreis gelangen, aus dem es kein Entrinnen gibt!
Wenn Du Dich natürlich gut dabei fühlst, Dich zu entschuldigen, so sei es. Ich möchte Dir das nicht ausreden, eben nur zu dem Gedanken anregen, dass Du dann Zeit Deines Lebens in der Opferrolle sein wirst. Du wirst immer ein Opfer Deiner eigenen Handlungen aus der Vergangenheit sein. Denn auch Dein Erfahrungsschatz wird reifen und Dich zu Erkenntnissen bringen, welche die Handlung von gestern in einem schlechten Licht erscheinen lassen! Da Du aber heute nicht weißt, wie Du in der Zukunft die Dinge sehen wirst, kannst Du Deine Handlungen natürlich nicht so ausrichten, dass sie für Deinen Erfahrungsschatz

von morgen passend sind. Du wirst immer so handeln, wie Du es jetzt als gerechtfertigt einschätzt!

Dass die Selbstvergebung die unabdingbare Grundlage für die Vergebung anderen gegenüber ist, erfuhr ich beim Coaching mit einem sehr liebenswerten Menschen, dem ich dringend angeraten habe, Vergebung zu praktizieren. Nun schrieb er mir ein paar Tage später, dass er sich eine Liste gemacht hat, auf der er 250 Personen zusammengestellt hatte, denen er dringend zu vergeben hätte.

Da dachte ich mir irgendwie, dass das nicht sein kann. Als ich damit begonnen habe, sind mir vielleicht 15 Personen eingefallen, weitere kamen dann beim Vergebungsritual in mein Bewusstsein.

Wie kommt jetzt ein Mensch dazu, schon bevor er damit beginnt, 250 Menschen auf einer Liste zu haben?

Ich machte mir Gedanken darüber und dabei entstand folgendes Gedankenexperiment:

Angenommen da ist ein 10-jähriger Junge, er fährt mit seinem Fahrrad zum Supermarkt. Beim Absteigen ist er ungeschickt, bleibt mit dem Fuß am Sattel hängen, und stürzt samt seinem Rad auf den Gehsteig. Ein paar Meter weiter stehen zwei andere Jungen aus seiner Schule und lachen herzhaft über diesen Vorfall.

Nun nehmen wir an, der gestürzte Bursche hat sehr wenig Selbstvertrauen, nennen wir ihn Junge 1.

Also, Junge 1, der mit mangelndem Selbstbewusstsein, würde sich jetzt selber einen Dummkopf schimpfen, er würde die anderen Mitschüler verfluchen, die da lachen. Er würde sich als Opfer fühlen:

Niemand hilft mir auf, was wäre, hätte ich ein Bein gebrochen, die würden bestimmt trotzdem lachen! Also, er ist Opfer seines eigenen ungeschickten Handelns und des Spottes der anderen. Die lachenden Jungen sind schlecht, verachtenswerte Menschen, die sich über seine Schmach und Pein amüsieren.

Junge 1 legt schlechte Gefühle über sich selbst und über seine Mitschüler auf seinem Unterbewusstsein ab.

Nun spielen wir dieselbe Situation noch einmal mit einem Jungen durch, dessen Selbstwertgefühl sehr gut ausgeprägt ist. Nennen wir ihn der Einfachheit halber Junge 2.

Junge 2, mit viel Selbstvertrauen, würde über sich selbst lachen oder einfach aufstehen und einen Witz reißen: *Hab ich nur gemacht, um Euch zum Lachen zu bringen.* Oder: *Als mein Fahrrad Euch sah, hat es gescheut.*

Junge 2 legt keine schlechten Gefühle auf sein Gemüt ab. Er weiß, wäre er der Zuschauer einer solchen Begebenheit, hätte auch er gelacht.

Wenn Junge 1 ein paar Tage später wieder einen von den anderen Heranwachsenden auf dem Schulhof sieht, ist es ihm peinlich (er denkt an seine Schmach), der andere Junge grinst, und schon wächst der Hass, er könnte denken: *Er macht sich immer noch über mich lustig!*

Junge 2 sieht einen von den Knaben auf dem Schulhof, er grinst zurück, und beide sind bald Freunde.

Nüchtern betrachtet war sie Situation völlig wertfrei! Es kann vorkommen, dass man stürzt, daran ist weder etwas dumm noch schmachvoll. Schließlich ist jeder in seinem Leben schon mal hingefallen!

Wenn Du jemanden siehst, der strauchelt, glaubst Du dann, dass er sich blamiert hat? Nein, das glaubt nur der mit geringem Selbstwertgefühl von sich selbst, wenn er gestürzt ist. Dass Kinder lachen, wenn jemand mit dem Fahrrad hinfällt, ist ebenso völlig normal! Die Jungen sind jetzt keine schlechten Menschen, weil sie das tun. Es ist einfach so. Sie lachen eigentlich auch gar nicht wirklich über den anderen Mitschüler, sondern eher über die Situationskomik.

An diesem Beispiel will ich verdeutlichen, dass die Ursache für die 250 Menschen, denen vergeben werden soll, gar nicht bei diesen Menschen liegt, sondern bei Dir selbst. Wenn Du jetzt Selbstvergebung praktizierst und Dich in diese und ähnliche Situationen zurückdenkst und Dir dabei selbst Deine Ungeschicktheit vergibst, dann wird sich allein dadurch das negative Gefühl z. B. diesen beiden lachenden Jungen gegenüber verflüchtigen. Das heißt, wenn Du Dir selbst vergibst, schrumpft einfach die Liste der Menschen, gegen die Du schlechte Gefühle gespeichert hast. Weil nicht die anderen die Ursache Deiner schlechten Emotionen waren, sondern es war Dein eigenes Gefühl der Unzulänglichkeit.

Denn wie wir in diesem Gedankenexperiment gesehen haben, hat ja Junge 2 in derselben Situation keine negativen Gefühle verinnerlicht.

Wenn Du lange genug Dir selbst vergeben hast, wirst Du mit Dir selbst im Reinen sein und Du wirst gar nicht mehr verstehen, was Du gegen all die Menschen hattest, sie waren eben einfach nur so, wie sie eben in diesem Augenblick sein konnten.
Ich weiß aus eigener Erfahrung, dass es keine mir bekannte Methode gibt, sein Selbstvertrauen schneller und nachhaltiger zu steigern als die Selbstvergebung!
Wenn Du Dir selbst verzeihst, solltest Du die Augen schließen und in Situationen gehen, die Dir damals peinlich waren, wo Du Dich geschämt hast oder wo Du glaubtest, nicht gut genug zu sein, oder auch wo Du dachtest, unrecht zu tun. Da kannst Du Dich jetzt als Erwachsener in solche Momente von damals reindenken und Dir selbst erzählen, dass es schon in Ordnung war, was Du getan hast, denn Du konntest gar nicht anders handeln!
Nehmen wir eine alltägliche Situation, ein Kind ist im Spiel mit seinen Freunden vertieft, es muss auf die Toilette, aber da das Spiel so spannend ist, will es nicht gehen. Die Mutter bemerkt es und ermahnt das Kind, doch bitte das WC aufzusuchen. Nun findet es aber das Spiel so fesselnd, dass das kleine Kind der Mutter sagt, dass es ja gar nicht auf die Toilette muss, um sich zehn Minuten später in die Hose zu machen. Oftmals kommt da von anderen Kindern Häme und Spott, von den Erwachsenen Belehrungen und Kritik. Das kleine Kind schämt sich zutiefst. Es verinnerlicht in diesem Augenblick, dass es selbst unwürdig und dumm sei. Das Kind konnte aber gar nicht anders handeln, es hat einfach noch nicht die

entsprechenden Erfahrungen, und die Spannung des Spiels erschien ihm wichtiger als der Gang zur Toilette.

Viel von dem, was Dir heute nach Jahren oder gar Jahrzehnten noch peinlich ist, wenn Du daran denkst, haben andere Leute längst vergessen! Der gesamte Vorfall existiert buchstäblich ausschließlich in Deinem Geist!

Einige dieser Vorfälle haben von Anfang an nur in Deinem Verstand existiert. Viele Dinge hast Du aufgrund Deines mangelnden Selbstbewusstseins nur so gesehen. Bei manchen Handlungen warst Du ganz allein oder manchmal waren es nur Gedanken, bei denen es Dir peinlich war, dass Du sie gedacht hast. Ich hatte mal eine Leserin, sie hatte damals als Kind in Gedanken anderen Leuten den Tod gewünscht, das war so eine Art Hobby von ihr. Dann starb eine ihrer Lehrerinnen bei einem Autounfall, und nun plagte sie schon seit 20 Jahren ein schlechtes Gewissen.

Ein weiterer meiner Leser hatte als pubertierender Jüngling in Gedanken die Fantasie, intim mit seiner älteren Schwester zu werden. Niemals hat irgendwer etwas davon erfahren, trotzdem war es ihm nun schon seit fast 40 Jahren unangenehm, und es nagte an ihm, wie er denn damals so etwas denken konnte.

Deine Gedanken sind frei, Du darfst denken, was Du willst! Wer hatte denn nicht schon in Gedanken die Fantasie, einen anderen zu schlagen oder gar zu töten?

Ich denke, dass solche Gedanken ziemlich weitverbreitet sind, also solltest Du Dich selbst nicht dafür verachten. So wie der Hass als

solches das wahre Übel ist, so ist es auch mit der Verachtung Dir selbst gegenüber!
Was Du früher einmal gedacht hast, ist nicht wirklich wichtig, aber wenn Du Dich nun deswegen selbst geringschätzt oder Dich vielleicht sogar verurteilst, dann ist dies das wahre Übel.
Wenn Dir jetzt etwas aus Deiner Vergangenheit peinlich ist, heißt das, dass Du jetzt denkst, Du hättest früher falsch gehandelt. Damals war Dein Erfahrungsschatz eben noch nicht so ausgereift, wie er es jetzt ist, deswegen war es nicht falsch, in diesem Augenblick hast Du es als gerechtfertigt empfunden, also war es das auch. Vergib Dir dennoch, weil nur so dieses negative Gefühl der Scham, das ja in Deinem Unterbewusstsein liegt, aufgelöst werden kann
Du bist absolut vollkommen! Das warst Du auch schon voriges Jahr oder vor 20 Jahren, also kann das, was Du damals tatest, nicht unvollkommen gewesen sein, nur weil es nicht jedem gefallen hat, was Du machtest. Auch wenn es Dir eine gewisse Zeit später selbst nicht mehr gefällt, wie Du gehandelt hast, ist es dennoch nicht falsch gewesen!
Du bist zu jedem Zeitpunkt Deines Lebens vollkommen! Würdige dieses Ereignis von früher als gut oder gerechtfertigt, egal was andere darüber dachten. Wenn Du es damals als richtig empfunden hast, wirst Du schon Deine Gründe dafür gehabt haben.
Vergib Dir, dass Du dieses negative Gefühl so lange mit Dir herumgetragen hast! Beim Ritual der Selbstvergebung gehst Du ähnlich vor wie bei der bereits zuvor erläuterten Vergebung.

Schreibe als Satz 1: *Ich habe mir selbst vergeben!*

Wenn Du Satz 1 geschrieben hast, gehst Du in eine Situation Deiner Vergangenheit. Nehmen wir doch diese fiktive Begebenheit von eben, wo das Kind in die Hose machte. Du gehst nun wieder geistig in diese Situation, gehst zu dem kleinen Kind, das Du früher warst, und nimmst es in den Arm. Sage Deinem jüngeren Ich, dass es schon in Ordnung war, es ist eben passiert. Sage diesem Kind, dass Du ihm vergibst, sage diesem Kind, dass es ein wunderbares Kind ist. Sage Deinem jüngeren Selbst, dass Du es liebst! Es ist möglich, dass Dir diese Übung ziemlich schwerfällt, aber mit der Zeit wird es Dir immer besser gelingen. Die meisten Menschen sind es nicht gewohnt, sich selbst zu lieben. Im Gegenteil, oftmals werden Kinder so erzogen, dass sie sich selbst nicht wichtig nehmen sollen und andere um so wichtiger! Wenn ein Sprössling im Kindergarten sagen würde, dass es sich selbst liebt, würde er sicherlich das Gelächter der anderen Kinder auf sich ziehen und die Erzieherin würde die Eltern informieren, dass ihr Kind egozentrische Züge offenbart. Aber jeder kennt sicherlich die Aussage: *Nur wer sich selbst liebt, kann auch andere lieben!*

Diese Aussage hat einen sehr hohen Wahrheitsgehalt. Beobachte Menschen, die ständig ihre Mitmenschen kritisieren und gering schätzen, dort siehst Du immer Personen, die sich selbst nicht besonders mögen. Je größer die Liebe zu Dir, umso höher wird Dein Selbstwertgefühl sein. Wenn Du wirklich sehr selbstbewusst bist, wird es Dir nicht in den Sinn kommen, andere Menschen gering zu schätzen!

Diese Übung der Selbstvergebung solltest Du nun täglich praktizieren.

Ich weiß nicht, wie Du das zeitlich hinbekommst, aber das ist auch eher Deine Sache. Sage jetzt nicht, dass Du keine Zeit dafür hast. Denn Zeit haben wir alle genauso viel, nur wie wir sie nutzen, unterscheidet sich.

Am besten ist es, wenn Du wirklich darüber nachdenkst, welche sinnlosen und destruktiven Tätigkeiten Du aus Deinem Leben verbannen könntest. Der weltweite Fernsehkonsum ist erschreckend hoch, Statistiken besagen, dass die Menschen in der Zivilisation viele Stunden vor dem TV verbringen. Versuche einfach, negative oder sinnlose Tätigkeiten einzustellen und dafür positive auszuüben.

Vision

Ich hoffe, Du hast schon den festen Vorsatz getroffen, die Vergebung zu Deinem täglichen Ritual der Herzensreinigung zu machen. Dadurch werden negative Inhalte aus Deinem Unterbewusstsein gelöscht.

Nun solltest Du zeitgleich damit beginnen, erwünschte Inhalte in Deinem Inneren zu verankern.

Die Vision, wie sie hier gemeint ist, ist das Betrachten eines erwünschten Zustandes vor dem inneren Auge.

Es ist erwiesen, dass das Unterbewusstsein Dinge, die Du in Deiner Fantasie betrachtest, nicht von tatsächlichen Gegebenheiten unterscheiden kann.

Nehmen wir die Angst – was ist Furcht? Angst ist immer nur in die Zukunft gerichtet, sie existiert nur in unseren Gedanken, nur dann wenn Du etwas Negatives erwartest, wenn Du sorgenvoll in die Zukunft blickst!

Vielleicht hast Du Angst vor Krebs, weil Deine Großmutter qualvoll dahingeschieden ist. Vielleicht war es aber auch nur die Oma eines Freundes, und Du wusstest es nur vom Hörensagen. Wenn Du täglich Deine Vision von Deiner wunderbaren Zukunft siehst, dann werden solche Ängste verschwinden, weil Du Dir Deine Zukunft so vorzeichnest, wie Du sie erleben möchtest. Angst ist, dass Du eine Zukunft siehst, wie Du sie auf keinen Fall willst!

Die Welt scheint für viele nur deshalb so frei von Chancen, weil sie sich auf das Schlechte ausrichten und nur die Möglichkeiten in Betracht ziehen, die sie mit ihren Augen sehen können.

Die meisten Menschen leben einen Tag nach dem anderen und planen gerade mal wenige Monate im Voraus, wenn es um die Geburtstagsfeier oder den Urlaub geht. Ich möchte Dich dazu animieren, Dein Leben auf sehr lange Sicht vorauszuplanen. Wie möchtest Du in zehn Jahren leben? Ich meine nicht, was Du glaubst, wie es wohl aussehen könnte, sondern was willst Du wirklich? Was ist Dein Herzenswunsch? Genau das sollte die Grundlage Deiner Vision sein! Du glaubst nicht daran? Spielt das eine Rolle? Nein, ich möchte Dir vermitteln, dass es eben keine Rolle spielt!

Durch Vision brennst Du sozusagen Deinem Unterbewusstsein ein Ziel ein. Das ist wie bei einem Navigationssystem, Du wirst nun automatisch diesen Weg gehen, den Du stetig in Deiner Vision gesehen hast. Wir haben ja schon vorhin festgestellt, dass jeder auf seine innere Stimme hört, dass etwas anderes gar nicht möglich ist! Nun wird Dir Dein Herz den Weg zu Deinem erwünschten Ziel weisen.

Wir wissen von vielen großen Sportlern, dass für sie die Vision des Sieges ebenso wichtig ist wie das körperliche Training. Aber nicht nur Athleten, sondern auch erfolgreiche Menschen quer durch alle Bereiche berichten von der Imagination als das Mittel zu großen Erfolgen jeder Art.

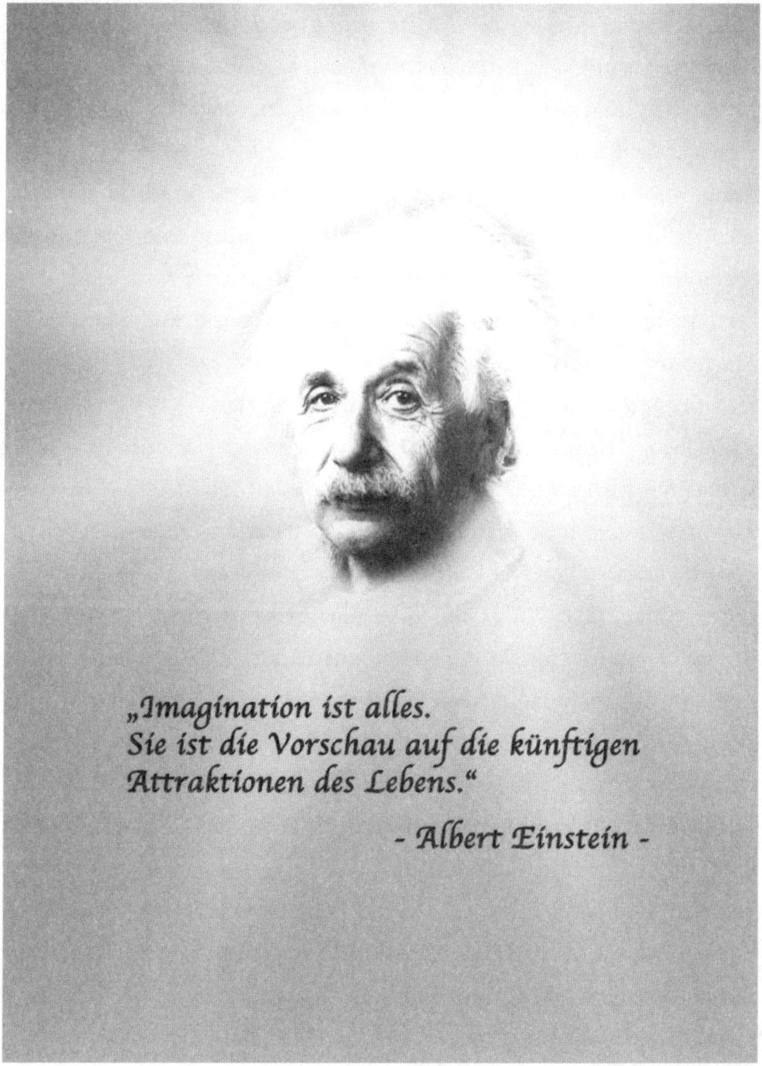
„Imagination ist alles.
Sie ist die Vorschau auf die künftigen
Attraktionen des Lebens.“
- Albert Einstein -

Von Albert Einstein, dem Mitarbeiter 3. Klasse beim Schweizer Patentamt, sind viele Zitate bekannt, welche die Imagination als das Mittel der Erschaffung unserer Zukunft preisen. Aus ihm wurde einer der größten Wissenschaftler aller Zeiten.

Auch von Joanne K. Rowling, der arbeitslosen Lehrerin, die sich noch nicht mal eine Schreibmaschine leisten konnte und somit ihren ersten Harry-Potter-Roman mit der Hand schrieb, hört man, dass wir gar keine Magie wie ihr Romanheld brauchen, weil wir alle die Macht der Imagination besitzen.

Sie wurde zu einer der reichsten Frauen Englands.

Auch von Napoleon Bonaparte ist überliefert, dass er seine Schlachten vorher alle im Geiste geschlagen hat.

Mit der Imagination ist es dasselbe wie mit der Vergebung, es werden keine sofortigen unmittelbaren Verbesserungen in Dein Leben treten. Aber ist es mit dem Körperlichen nicht ebenso? Was ist, wenn ein junger Mann einen muskulösen Körper haben will? Oder ein Übergewichtiger möchte gerne abnehmen? Nun, dann ist es ähnlich, derjenige muss intensiv und kontinuierlich daran arbeiten, nur dann wird er die erwünschten Resultate in sein Leben ziehen! Nicht von heute auf morgen, sondern Stück für Stück, genauso ist es nun mal mit mentalen Techniken.

Wenn Du täglich Dein ersehntes Ziel vor dem inneren Auge betrachtest, dann wird sich Dein Inneres verändern. Zuerst denkst Du noch, dass es völlig unmöglich ist, dieses Ziel zu erreichen. Aber wenn Du es immer und immer wieder in Deinem Kopfkino

„Wir brauchen keine Magie,
um die Welt zu verändern,
wir tragen alle Macht,
die wir brauchen schon in uns:
Wir haben die Macht der Imagination!“

- J.K. Rowling -

betrachtest, so wird es für Dich irgendwie immer wahrscheinlicher. Aus dem „völlig unmöglich“ wird langsam ein „warum denn eigentlich nicht?“. Dein Unterbewusstsein beginnt, sich langsam aber beständig umzuprogrammieren! Je mehr das erwünschte Ziel aufgeprägt wurde, umso wahrscheinlicher wird für Dich das Gelingen. Du beginnst, daran zu glauben, dass Du Dein Ziel erreichen wirst. Es kommt der Tag, da es für Dich absolut unmöglich erscheint, dass Du Dein Ziel nicht erreichen wirst. In Deinem Herzen gibt es überhaupt keine andere Option mehr, es erscheint Dir logisch, dass Du dort ankommen wirst, wo Du ankommen willst. Du wirst felsenfest davon überzeugt sein!

Die Mutter sagt: *Du musst ganz fest daran glauben, dann wird es!*

Wer hat diesen Spruch als Kind nicht gehört? Bei Erfolgstrainern ist es schon fast ein Mantra, dass man an seinen Erfolg glauben muss. Psychologen und Lehrer sagen, dass man an sich selbst glauben sollte. Jesus sagte unzählige Male, dass jedem nach seinem Glauben geschehe. Sie erzählen es uns alle, aber niemand, noch nicht einmal Jesus sagte uns, wie wir das nun anstellen sollen, zu glauben.

Eigentlich ist es ziemlich einfältig, jemandem zu sagen: *Du musst fest an Deinen Erfolg glauben!* – ohne ihm zu erläutern, wie er es denn nun genau tun soll. Schließlich ist es überhaupt nicht möglich, auf Bestellung an etwas zu glauben, nur weil man es will.

Aber wie macht man das eigentlich – Glauben?

Die Vision schafft Glauben! Warum? Dein Gehirn programmiert sich um, es werden neue Synapsen geschaffen, und Dein

„Imagination regiert die Welt!“
- Napoleon Bonaparte -

Unterbewusstsein speichert solche Visualisierungen genauso ab wie reale Ereignisse. Angenommen ein Kind stellt sich jetzt jeden Tag bildlich vor, auf dem Zeugnis die Eins in Mathe zu haben. Durch diese Vision würde sich das Kind selbst verändern, das Gehirn würde umprogrammiert, neue neurale Bahnen würden geschaffen, bestehende würden verschwinden, und langsam, aber sicher hätte das Kind Lust und Ehrgeiz, Mathe zu lernen, und es wäre auch in der Lage, den Lehrstoff viel leichter zu verstehen. Das Gleiche gilt für alle anderen Lebensbereiche auch, egal ob Du Deinen Traumkörper erschaffen willst oder materiellen Wohlstand in Dein Leben ziehen möchtest.

Imagination erschafft felsenfesten Glauben!

Bekanntlich kann dieser Berge versetzen! Dein Glauben von dem Leben Deiner Träume wird genau dieses Leben erschaffen! Aber Du selbst bist es, der diesen Glauben durch eine Vision aufbauen muss, denn ein anderer kann es nicht für Dich tun, es ist ganz allein Deine Aufgabe!

Die Vision ist eines der mächtigsten Werkzeuge des Erschaffens Deiner Realität.

Im Grunde visualisiert jeder Mensch, aber bei den meisten von ihnen sind es leider weniger schöne Vorstellungen von Versagen, Krankheit und Leid.

Die Vision baut Glauben auf, im guten wie im schlechten Sinne, wenn jemand ständig über Krankheit nachdenkt oder über Armut, wird er ebenfalls bald daran glauben und das Unerwünschte so in sein Leben einladen!

Ich möchte Dich dazu ermutigen, dreimal täglich eine positive Imagination von dem Leben Deiner Träume zu tätigen.

Die Vision ist das Werkzeug der Gewinner!

Es ist sehr einfach durchzuführen, Du solltest Dich entspannen und nun vor Deinem geistigen Auge den erwünschten Endzustand betrachten. Es könnte sein, dass es Dir auf Anhieb nicht so leicht gelingt. Aber wenn Du es willst, wird dieser Wille einen Weg finden.

Zu entspannen kann man ziemlich leicht lernen, da gibt es genug gute Audioprogramme auf dem Markt, mit denen man problemlos Selbsthypnose erlernen kann. Natürlich kannst Du Dir auch einen guten Hypnosetherapeuten suchen, der es Dir beibringt. Viele können sich aber auch ohne fremde Hilfe hervorragend entspannen.

Dann solltest Du Dir einen Kurzfilm erstellen. Er kann wirklich kurz sein, wie ein Werbespot im TV. In diesem kleinen Film bringst Du alles unter, was Du Dir von Deinem zukünftigen Leben erhoffst. Wichtig ist, dass Du es aus Deiner Perspektive betrachtest, so als erlebtest Du es.

Nur mal zur Veranschaulichung:

Du könntest Dir vorstellen, wie Du bequem in Deinem Garten am Pool liegst. Du siehst Deine Traumhafte Villa, ein wirklich teures Auto in Deiner Einfahrt, Kinder planschen im Pool, der Traumpartner ebenfalls. In dieser Vision könnte das Telefon läuten, ein Geschäftspartner oder auch ein naher Verwandter ruft bei Dir an, um Dich zu dem großen Erfolg zu beglückwünschen. Auch Dein Arzt könnte Dich telefonisch konsultieren und Dir erzählen, dass die Testergebnisse alle sehr gut ausgefallen sind und Du vollkommen gesund bist.

Lass Deiner Fantasie freien Lauf, nimm alles in diesen Spot, was Du erleben willst.

Beim Kreieren dieses Kurzfilmes kannst Du Bilder aus dem Internet zur Hilfe nehmen, sieh sie Dir immer und immer wieder an, so lange bis sie sich fest in Deinem Unterbewusstsein eingebrannt haben. Es ist sehr hilfreich, sich einzelne Fotos immer wieder anzusehen, z. B. von Deinem Traumauto, einer Villa, die Dir gefällt. Mach ein Bildschirmfoto von Deinem Onlinebanking und manipuliere das Foto mit Deinem gewünschten Kontostand.

Wenn Du diese Bilder oft gesehen hast, wirst es Dir leichter fallen, sie in Gedanken abzurufen und zu einem Film zusammenzusetzen!

Ich weiß aus Erfahrung, dass es wirklich große Freude bereitet, sich allein schon damit zu beschäftigen, im Grunde erstellst Du da nicht nur einen Spot, Du erschaffst gerade Dein Leben neu!

Lass Dir Zeit beim Erschaffen, arbeite so lange daran, bis es Dir erst mal perfekt erscheint. Du bist der Drehbuchautor, lass Dir nicht von anderen Menschen suggerieren, was für Dich das Beste ist. Ganz tief in Deinem Herzen weißt Du mit großer Gewissheit, was Du wirklich willst.

Wenn Du später Änderungswünsche hast – und diese kommen bestimmt –, so ist das kein Problem, kleine Korrekturen kannst Du jederzeit daran vornehmen.

Nun schließe die Augen, begib Dich in Deine Entspannung und lass diesen Kurzfilm vor Deinem inneren Auge immer und immer wieder ablaufen. Jetzt in diesem Augenblick solltest Du Dich ausgezeichnet fühlen. Bei mir stellt sich immer sehr schnell ein wahres Hochgefühl ein. Falls das bei Dir noch nicht der Fall sein sollte, dann übe weiter, versuche, Deine Entspannung zu vertiefen.

Natürlich solltest Du anfangs einen Ort dazu auswählen, wo Du ungestört bist und Dich geborgen fühlst. Wenn Du zu einem Meister der Imagination geworden bist, kannst Du es nach Belieben auch an sehr belebten Orten tun wie der Parkbank oder den öffentlichen Verkehrsmitteln.

Viele Erfolgslehrer erzählen, dass es vollkommen ausreicht, diesen Spot sieben Minuten zu sehen.

Ich bin aber eher geneigt, es wesentlich länger zu praktizieren. Meine Erfahrung hat mich gelehrt, dass es wirklich sehr angenehm ist, diesen Film so lange zu sehen, wie ich in der Lage bin, die Entspannung zu halten.

Manchmal komme ich auf 30 bis 40 Minuten ununterbrochenen Visualisierens.

Wenn ich schon morgens eine solch ausgedehnte Imagination praktiziert habe, kann ich mich darauf verlassen, einen wunderbaren Tag zu erleben. Ich fühle mich einfach fantastisch, wie nach einem guten Urlaub. Ich erlebe „grundlose“ Hochgefühle, Freudenausbrüche und Beglückung. Für Menschen, die damit noch keine Erfahrungen haben, mag es übertrieben klingen, aber auch viele meiner Leser berichten davon, dass sie „geflasht“ sind, sich fühlen „wie unter Drogen“ usw. Die einzige Nebenwirkung, die diese außerordentlich gute Stimmung nach sich zieht, ist, dass dieses Leben, das Du dort in Deiner Imagination siehst, nun auch in Deine Realität strebt. Natürlich ist es nicht morgen schon da, aber es wird sich langsam und unaufhaltsam entfalten.

Aber allein schon dieser gesteigerte Wohlfühllevel wäre es wert, dieses Ritual jeden Tag zu befolgen. Guck Dich in der Welt um, was tun Menschen nicht alles, um sich, oft für nur kurze Zeit, besser zu fühlen? Sie ruinieren ihre Gesundheit mit Alkohol und Drogen, konsumieren massenweise ungesunde Lebensmittel, verbringen viele Stunden des Tages vor dem Fernseher.

Das wirst Du überhaupt nicht mehr nötig haben, Du wirst Dich einfach jeden Tag wunderbar fühlen, einfach weil Du für kurze Zeitabschnitte in dem Leben Deiner Träume verweilst.

Im Grunde sollte dieses Wohlgefühl der Hauptgrund sein, warum Du es überhaupt tust. Natürlich möchtest Du Dein Ziel auch erreichen, das ist völlig normal, aber wenn Du nun ständig danach guckst, wo es denn nun bleibt, dann bist Du im Mangeldenken gefangen, und das fühlt sich nicht so gut an. Wenn Du Dein Ziel täglich imaginierst und Dich auch den Rest des Tages möglichst gut fühlst, dann wird das Ziel völlig ohne Anstrengung in Dein Leben treten. Du wirst einfach inspiriert sein und instinktiv das Richtige tun.

Das Ziel wird für Dich von Tag zu Tag immer wahrscheinlicher. Wenn Dich jemand fragt, was Du in zwei Jahren tun wirst, dann wirst Du geneigt sein, demjenigen von dem Leben in Deiner Imagination zu berichten, einfach weil es für Dich logisch ist, dass es so sein wird.

Ich rate Dir dennoch, anderen Leuten nichts davon zu erzählen, das geht nur Dich und Deinen Partner etwas an. Die Gesellschaft neigt dazu, Dir Deinen Traum zerstören zu wollen, sie stellen sich hin und fragen danach, wie Du es tun willst, und zweifeln an Deinem Verstand, wenn Du ihnen erzählst, dass Du es mit Vergebung und Imagination anstrebst. Andere wiederum versuchen Dir, Deine Träume anderweitig kaputt zu machen, indem sie Dir erzählen wollen, dass das der falsche Traum ist, dass man doch dieses und jenes anstreben sollte, dass Geld nicht alles ist usw. Das sind Meinungen, weiter nichts. In diesem Falle geht es aber um Deine eigene Zukunft, also ist auch nur Deine eigene Meinung gefragt. Falls jemandem Deine Meinung nicht gefällt, so ist das nicht Deine Sache, schließlich kann sich derjenige ja seine eigene Zukunft nach seinen eigenen Wünschen gestalten. Wenn Du niemandem weiter von Deinen Zielen berichtest, kann sie Dir auch keiner zerstören; wie der Volksmund sagt: *Reden ist Silber, Schweigen ist Gold.* Halte Dich einfach bedeckt, sage Ihnen, Du denkst noch darüber nach, was Du in zwei Jahren tun willst.

Gemeinsam

Laut meiner Erfahrung ist es sehr wirkungsvoll, wenn zwei Menschen ein gemeinsames Ziel verfolgen. Das ist schon im täglichen Leben so, wenn z. B. ein Ehepaar einen gemeinsamen Lebenstraum verwirklicht, ist es wesentlich einfacher, als täte es jemand allein. Wenn zwei Menschen zusammen visualisieren und in ihrer Imagination denselben Spot sehen, wird damit eine Energie entfesselt, die durch nichts zu bremsen ist.

Wenn Du also einen Partner hast, mit dem Du zusammen eine Zukunft planst, dann solltest Du das Drehbuch zu diesem Spot mit ihm gemeinsam schreiben. Ihr solltet so lange daran arbeiten, bis Ihr beide vollkommen zufrieden damit seid. Dann solltet Ihr nach Möglichkeit auch Eure täglichen Imaginationsübungen gemeinsam bestreiten. Das macht zum Ersten noch mehr Freude, und zum Zweiten fühlt sich dann auch niemand vernachlässigt, als wenn einer diese Zeit für sich allein braucht.

Wenn zwei Menschen zusammen visualisieren, ist die Energie noch höher und die Resultate werden schneller und stärker in Euer Leben fließen.

„Weiter sage ich euch:
Alles, was zwei von euch auf Erden
gemeinsam erbitten,
werden sie von meinem
himmlischen Vater erhalten."

- Matthäus 18.19 -

Liebe – die stärkste Macht der Welt!

Eine sehr wichtige Erkenntnis lautet: Wenn Du Dich gut fühlst, werden mehr gute Gefühle erzeugt! Fühlst Du Dich dagegen schlecht, werden mehr schlechte Gefühle von Dir selbst produziert.
Ja, der Mensch produziert seine Gefühle selbst!
Es ist buchstäblich so! Jedes einzelne Gefühl Deines Lebens wurde durch Deinen Fokus auf bestimmte Dinge erzeugt. Wenn Menschen dem nicht zustimmen, liegt es meist daran, dass sie es gewohnt sind, auf das Schlechte zu blicken, und dann die Verantwortung für ihre negativen Gefühle nicht annehmen wollen. Den meisten Menschen wurde eine solche Opfermentalität anerzogen. Welches Kind wurde nicht damit konfrontiert, dass die Mutti jetzt traurig ist, weil das Kind sich nicht nach ihren Wünschen verhalten hat? Da Du aber nun erwachsen bist, solltest Du solche destruktiven Muster ablegen und die Verantwortung für Deine Emotionen übernehmen. Selbst wenn ein Familienangehöriger von Dir geht, kannst Du Dich hinsetzen und an den Verlust denken und trauern, aber ebenso könntest Du ein Fotoalbum oder eine Bildersammlung auf dem Computer öffnen und könntest Dir die ganzen schönen Stunden mit dieser Person wieder in Dein Bewusstsein holen. Der Unterschied ist: Wenn Du an den Tod denkst, wirst Du Trauer empfinden; wenn Du diese schönen Stunden wieder in Deinen Fokus rückst, wirst Du von Liebe erfüllt sein.

Schon vor Jahren hatte ich zum Thema Gefühle ein Gedankenexperiment gemacht:
Angenommen eine Mutter holt ihren kleinen Jungen von der Schule ab und erzählt ihm bildlich und glaubhaft, dass sein Hund überfahren wurde und nun tot ist. Wenn er seinen Hund geliebt hat – und kleine Jungen lieben ihre Hunde –, kannst Du jetzt zuschauen, wie seine Stimmung ins Bodenlose fällt, er weint und ihn erfüllt tiefe Trauer, aber nicht weil sein Hund tot ist – denn das war ja nur eine Lüge, schließlich lebt er ja –, sondern wegen seiner Gedanken, dass der Hund tot ist.
Dieses Experiment sollte man sich in Gedanken genau betrachten, es bestätigt die große Weisheit, dass wir unsere Gefühle durch unseren Fokus selbst erzeugen. Selbst dann, wenn die Aufmerksamkeit auf völlig fiktive Begebenheiten – wie im eben genannten Experiment – gerichtet wird.
Du selbst kannst es sofort nachvollziehen: Setze Dich entspannt in einen bequemen Sessel, schließe die Augen und visualisiere etwas sehr Negatives. Denke an etwas für Dich wirklich Abscheuliches, vielleicht den Tod einer geliebten Person oder an eine Krebsdiagnose Deines Arztes. Sofort wirst Du bemerken, dass sich Deine Emotionen im freien Fall befinden, Du wirst Dich richtig schlecht fühlen!
Wenn Du dagegen imaginierst, dass etwas absolut umwerfend Gutes passiert, Du beispielsweise in der Lotterie gewinnst oder eine große

„Es gibt viele Menschen auf der Welt,
die nach einem Stück Brot hungern,
aber noch mehr,
die nach ein bisschen Liebe verlangen.“

- Mutter Teresa -

Last von Dir genommen wird, wirst Du bemerken, dass Du Dich sofort großartig fühlst!

Wenn also in Zukunft jemand versucht, Dich zu manipulieren, indem er Dir erzählt, dass Dein unangemessenes Verhalten für seine negative Emotion zuständig ist, so weise das höflich, verständnisvoll und gütig, aber dennoch entschieden zurück. Du bist nicht zuständig für die Emotionen anderer, aber für Deine eigenen bist Du das sehr wohl.

Jegliche Gefühle haben eine Schwingung. Wenn Du negativ bist, dann schwingst Du negativ und hast deshalb keinen Zugang zu guten Gefühlen, vielleicht kennst Du das, wenn Du mal schlecht gelaunt zur Arbeit gehst und ein Kollege hat ausgezeichnete Laune, dann könntest Du von seinen Scherzen genervt sein. Umgekehrt ist es genauso, wenn Du sehr gut gestimmt bist, dann stört Dich jemand, der schlechte Laune hat. Wenn Du jemandem begegnest, der in derselben Stimmung schwingt wie Du, wird Harmonie herrschen, entweder ihr lacht zusammen oder beklagt Euch gemeinsam über die Welt. Wenn Du negativ ausgerichtet bist, dann kannst Du das Gute nicht sehen; jemand der voller Liebe ist, kann das Schlechte nicht sehen. Vielleicht hast Du das schon mal beobachtet, wenn jemand aus Deinem Umfeld heftig verliebt war, dass nichts Negatives an ihn herankommen konnte. Anderseits hast Du sicherlich schon beobachtet, dass Menschen, die in Trauer versunken sind, das Gute nicht mehr wahrnehmen können und die Lebensfreude verlieren.

Wenn Du selbst voller Groll bist kannst Du nicht erwarten, dass Dinge, die Du liebst, in Dein Leben kommen. Wie man in den Wald hinein ruft, so schallt es heraus. Wenn Du Groll aussendest, kannst Du nicht erhoffen, dass Dich die Menschen lieben und Dir Gutes tun. Weil Du nur mit diesen auf einer „Wellenlänge" bist, die ebenfalls Groll empfinden. Wenn Du natürlich nur von Menschen umgeben bist, die voller negativer Emotionen sind, wird Dein Leben nicht besonders harmonisch verlaufen. Also solltest Du Dich wirklich bemühen, möglichst viele positive Gefühle zu erleben, weil Du damit buchstäblich Dein gesamtes Leben zum Besseren transformierst.

So wie der Hass selbst das Schlechte auf der Welt ist, so ist die Liebe und alles, was darauf folgt, das Gute. Das ist doch wirklich einfach, Du solltest Dein Bestes geben, um Liebe zu empfinden und negative Emotionen zu vermeiden.

Ich möchte Dir erzählen, wie Du alle Deine Träume Wirklichkeit werden lässt, indem Du Dich rigoros auf das Gefühl von Liebe und deren Abstufungen einstimmst. Ich sage nicht, dass Du alles lieben musst, wie es Dir manche Menschen glaubhaft machen wollen. Aber ich sage Dir, dass es erstens ziemlich einfach ist und zweitens auch wirklich wunderschön, wenn Du Dich nur noch auf die Dinge und Begebenheiten fokussierst, die Du lieben kannst. Dein Leben wird besser werden als jemals zuvor, Du wirst Dich besser fühlen, als Du es Dir bis jetzt überhaupt vorstellen konntest.

Alles lieben, was kommt?

Ich weiß, es gibt solche Ideologien, die erzählen Dir, dass Du alles lieben sollst, was es gibt.

Vielleicht konnte das ja Jesus tun, ich jedoch bin der Meinung, dass es der normale Bürger eben nicht kann. Ich finde es auch ziemlich zwecklos, es zu versuchen. Stell Dir vor, jemand anderer teilt Dir jetzt einen Lebenspartner zu, den Du selbst aber absolut abscheulich findest. Er oder sie entspricht nicht im Mindesten – weder vom Äußeren noch charakterlich – auch nur im Ansatz dem, was Du als Deinen Idealpartner bezeichnen würdest. Nun versuchst Du, mit allen Mitteln diesen Menschen zu lieben. Vielleicht gelingt Dir das irgendwann sogar. Aber es wird mit Sicherheit ein ziemliches Stück Arbeit. Ich würde mir jetzt die Frage stellen, warum ich das denn tun sollte? Warum soll ich versuchen, jemanden zu lieben, der absolut dem widerspricht, was ich gerne lieben würde? Das macht für mich irgendwie nicht wirklich Sinn. Viel einfacher wäre es doch, wenn ich mir einfach einen Partner suche, der dem entspricht, was ich will. Jeder Mensch hat Wünsche, und diese Wünsche gehören einfach zu Deinem Wesen! Hättest Du diese Wünsche nicht mehr, so wärest Du einfach nicht mehr Du! Um ein anderes Beispiel zu nennen, nehmen wir Gewalt. Wenn Du ein Mensch bist, der Gewalt verabscheut, wäre es für Dich so ziemlich unmöglich, Dir Berichte aus Kriegsgebieten anzusehen oder eine Dokumentation aus einem Schlachthof und dann das Gesehene zu lieben. Ich bin der Meinung, dass es

vollkommen nutzlos ist, es überhaupt zu versuchen, solche Dinge wertzuschätzen.
Ich vertrete hier die Ansicht, dass wir bewusst das betrachten sollten, was wir mögen, – das können wir wesentlich einfacher lieben! – und unseren Blick bewusst von dem abwenden, was uns nicht gefällt. Niemand hat etwas davon, wenn er Dinge betrachtet, die in ihm ungute Gefühle entstehen lassen!
Viele sagen, dass Du das sehr wohl betrachten musst, was Dir nicht gefällt, um es dann verändern zu können. Aber wenn es schon da ist, heißt es logischerweise, dass es einem anderen gefällt. Wenn Du es nun veränderst, dann würde es dem anderen nicht mehr gefallen, und er würde jetzt seinerseits versuchen, es wieder zu ändern. Dieses Spiel kannst Du nun spielen bis zum jüngsten Tag, und ein Großteil der Welt tut es. Und so entstehen dann Konflikte! Der eine, der es geschaffen hat, wird es beschützen wollen und es verteidigen, so wie es ist. Der nächste versucht nun, ihn daran zu hindern, es zu schützen usw. Jeder vernunftbegabte Mensch wird erkennen, dass so beide Parteien nie zum Ziel kommen, sondern, dass es da unbefristete Auseinandersetzungen gibt. Viel einfacher wäre es, wenn derjenige, dem es nicht gefällt, nun einfach dahin guckt, wo es ihm gefällt. Ich stehe dafür, dass ein Mensch prinzipiell das betrachten sollte, was er lieben kann, was sein Herz anrührt, und den Blick abwendet von dem, was ihm missfällt. Ich weiß, diese Lehre findet noch nicht so viel Verbreitung, aber ich glaube fest daran, dass es sich in Zukunft ändern wird. Denn was hat jemand davon, wenn er seinen Blick auf

unerwünschte Dinge richtet? Du guckst nach Afrika, wie viele Menschen dort an Ebola oder Aids sterben. Nun fühlst Du Dich schlecht. Würdest Du nicht dort hingucken, sondern würdest die Zeit mit Deinem Kind, das Du liebst, verbringen, dann würdest Du Dich gut fühlen. Du kannst an diesen Epidemien in Afrika nichts ändern, egal wie viele negative Emotionen Du dort hineingibst.

Und so finde ich es wesentlich sinnvoller, nicht zu versuchen, alles zu lieben, sondern den Blick einfach auf das auszurichten, was Du ohnehin schon liebst. Dann wirst Du ständig in einem Gefühl der Liebe schwingen, Du wirst Dich gut fühlen, und die Wertschätzung verbreitet sich. Menschen, die mit Dir zusammentreffen, werden auch von Deiner Liebe berührt sein! Das wird positive Gefühle in ihnen auslösen, und diese werden sie ihrerseits weiterverbreiten.

Genau dasselbe passiert – nur umgekehrt –, wenn Du Dich auf Dinge fokussierst, die Du nicht magst.

Angenommen da ist jemand, den Du vielleicht als einen sehr üblen Zeitgenossen bezeichnen würdest. Vielleicht hast Du auch noch heftigere Schimpfwörter für ihn übrig. Sagen wir, dass er ein sehr flegelhaftes Benehmen an den Tag legt, er beleidigt seine Mitmenschen, er behandelt seine Frau schlecht usw. Du hast jetzt mehrere Optionen: Z. B. Du könntest zu ihm gehen und ihn belehren. Glaubst Du, dass er sich dadurch wandeln wird? Du kannst ihn abgrundtief verachten, ändert er sich jetzt? Oder Du kannst ihn einfach so sein lassen, wie er ist, erkennen, dass es Dich nichts angeht und Deinen Blick von ihm abwenden. Dadurch änderst Du ihn natürlich auch nicht, aber es ist die einzige Option, in der Du selbst Deinen Geist und Dein Herz in der Schwingung der Liebe halten kannst! Es ist die einzige Möglichkeit, um Deinen eigenen Seelenfrieden beizubehalten! Also versuche alles in Deiner Macht Stehende zu tun, um andere Menschen einfach so sein zu lassen, wie sie sind. Wenn Du mit Gewalt versuchst, sie zu verändern, wird das nur noch mehr Gewalt zur Folge haben! Wenn Du Deine Aufmerksamkeit auf sie richtest, wirst Du selbst Dich schlecht fühlen!

Deine Feinde lieben?

Jesus sagte uns, dass wir selbst unsere Feinde lieben sollen.
Ich werde aber dem großen Meister widersprechen, weil es aus meiner Sicht der Dinge gar nicht notwendig ist, seine Feinde zu lieben.
Ich finde, der Denkfehler besteht darin, dass diese Aussage von Jesus impliziert, dass man Feinde haben muss.
Ich bin dagegen der Meinung, dass, wenn man seinen Fokus auf Dinge ausrichtet, die man mag, die man lieben kann, man dann irgendwann an einen Punkt angelangt, an dem man überhaupt gar keine Feinde mehr haben kann! Wenn ich den eben benannten Grobian beginne zu bekämpfen, dann wird er bald mein Feind sein und mich ebenso angreifen.
Ich halte es eigentlich gar nicht für durchführbar, Menschen zu lieben, die einen zerstören wollen, und im Grunde ist das ja Feindschaft.
Genauso wenig wie ich in der Lage wäre, den Anblick eines totgefahrenes Tieres im Rinnstein zu lieben, so könnte ich vermutlich auch keinen Menschen lieben, der mir offen seine Feindschaft bekundet und mich bekämpft.
Aber ich glaube, dass ein Mensch, der sich nur auf das Erwünschte ausrichtet, bald gar keine Feinde mehr haben wird. Wenn Du unentwegt an das Angenehme, an das für Dich Gute denkst, Dich darauf ausrichtest, dann wirst Du Dich irgendwann ausschließlich gut fühlen. Laut den Gesetzen des Kosmos ist es nun überhaupt gar

nicht mehr möglich, dass Dir Feindschaft und Hass begegnen. Natürlich kann es sein, dass andere Menschen Dich beneiden oder aufgrund ihres Neides nicht mögen, aber Du wirst davon nicht allzu viel bemerken, weil Du eben im Gefühl der Liebe schwingst.
So wird es z. B. sehr viele Menschen geben, die Bill Gates beneiden oder gar hassen. Aber ich glaube nicht, dass Mr. Gates sich auf diese Menschen ausrichtet, ich glaube nicht, dass er diese liebt. Sie werden ihm einfach egal sein, er wird sie gar nicht wahrnehmen, so wie mir ein undefinierbares Etwas im Rinnstein egal ist, weil ich da nicht hinsehe.
Das kannst Du nun im täglichen Leben praktizieren, indem Du Dich, wo auch immer Du gerade bist, auf das ausrichtest, was Du lieben kannst.
Wenn Du mit dem Auto fährst, kannst Du Dich auf die anderen, rücksichtslosen Verkehrsteilnehmer konzentrieren, über sie schimpfen, oder Du lässt sie gewähren und fokussierst Dich auf die Dinge, die Du magst, vielleicht den schönen Baum am Straßenrand oder ein gelungenes Bauwerk.
Auch kannst Du bei Begebenheiten, die Du vorher vielleicht nur oberflächlich betrachtet und verurteilt hast, nun zumindest versuchen, es tiefgründiger, mit Liebe zu sehen. Angenommen Du siehst einen großen Jungen, der einen kleineren schlägt, nun denkst Du automatisch, dass dieser schlecht ist, feige und unwürdig. Aber wenn Du die Situation mit Liebe betrachten würdest, dann könntest Du erkennen, dass der größere Junge das nur tut, um sein geringes

Selbstwertgefühl zu kompensieren. Vielleicht wächst er in einer nicht so liebevollen Familie auf, seine Eltern trinken und er wird vom Vater misshandelt. In dem Moment, wo er nun einen Schwächeren schlägt, holt er sich scheinbar ein bisschen Macht zurück, und in diesem Moment fühlt es sich für ihn besser an als die Ohnmacht und Verzweiflung, die er sonst verspürt. Helfen kannst Du jetzt nicht, indem Du ihn auch noch verurteilst, helfen kannst Du nur, wenn Du ihn mit Liebe und Mitgefühl behandelst. Bringe ihm Warmherzigkeit und Verständnis entgegen, und Du kannst seiner geschundenen Seele etwas sehr Gutes tun, und Du gewinnst einen lebenslangen ergebenen Freund. Kritisiere ihn, verurteile ihn, und Du erstickst auch den letzten Funken Selbstachtung in ihm.

Liebe kämpft nicht. Wenn Du nun den großen Jungen bekämpfst, so ist das keine Liebe. Liebe kämpft niemals, auch wenn es Dir viele erzählen. Liebe braucht nicht zu kämpfen, dazu ist sie viel zu mächtig; wenn Du einen Kampf gegen etwas siehst, dann siehst Du Angst, Wut oder Hass.

Wenn Du gegen jemanden oder etwas kämpfst, so ist das keine Liebe; auch wenn Du gegen das „Böse“ kämpfst, ist das ebenfalls keine Liebe; kämpfst Du gegen den Krieg, ist auch das keine Liebe. Wahre Liebe ist, wenn Du Dich auf die Dinge ausrichtest, die Du lieben kannst. Wenn Du das ausdauernd tust, wird die Liebe mit Bravour in Dein Leben treten, und Du wirst immer weniger Veranlassung sehen, gegen irgendetwas Krieg zu führen. Die da kämpfen, gegen was auch immer, sind prinzipiell auf das ausgerichtet, was sie <u>nicht</u> wollen. Sie haben Angst, deswegen führen sie Krieg.

Was auch immer Dir Filmemacher oder auch die Medien erzählen wollen, für mich klingt es logisch, dass es keine guten Folterknechte gibt und auch keine guten Mörder. Wenn Du einen Menschen mit einem Gewehr siehst, der bereit ist, seinen Feind zu töten, dann siehst Du eine Person mit Hass, Wut oder Angst im Herzen, nicht einen, der von der Liebe geleitet ist.

Jegliche Misshandlung oder gar Mord hat nicht im Geringsten etwas mit Liebe, Güte oder Menschlichkeit zu tun.

Nun könnte jemand entgegnen, wenn doch aber niemand mehr gegen das Böse kämpft, dann kann es sich ungehindert verbreiten. Aber das ist nicht richtig, denn genau <u>dieser Kampf ist das Böse!</u> So ist auch der „Kampf für den Frieden" völlig absurd, weil ja eben Frieden impliziert, dass nicht gekämpft wird. Es ist unmöglich durch Hass oder Angst, Liebe zu erzeugen! Wenn niemand mehr kämpft, hat „das Böse" keine Grundlage mehr. Wenn die meisten Menschen in Liebe schwingen, dann müssen die Kämpfer kapitulieren.

Auch ich bin mir nicht bewusst, dass ich irgendwelche Feinde habe. Ich empfinde täglich sehr viel Liebe, und falls es dennoch Menschen gibt, die mich nicht mögen, so kommt das nicht an mich heran.

Da Dein alltägliches Verhalten auf großen Teilen Gewohnheit ist und aus Deinem Unterbewusstsein aufsteigt, ist es besonders wichtig, dass Du beginnst, die Inhalte Deines Inneren positiv zu verändern.

Dazu möchte ich Dir eine Übung vorstellen, die in der Lage ist, Dein gewohnheitsmäßiges Verhalten drastisch zu verändern.

Du stellst Dir den Wecker eine Viertelstunde früher, nach dem Erwachen legst Du Dich in eine Körperhaltung, die nicht Deine bevorzugte Schlafposition ist. Jetzt in diesem angenehmen Dämmerzustand formst Du das Wort: Liebe! Du denkst einfach nur dieses Wort, siehst es vielleicht als Schriftzug in Wolken geschrieben und denkst immer wieder: Liebe!

Wenn Du nun schon ein bis zwei Minuten darauf eingestimmt bist, beginnst Du, Dich in Gedanken auf Dinge, Personen oder Begebenheiten zu fokussieren, die Du liebst. Es können Deine Kinder oder Enkel sein, Dein Haustier oder ein besonders netter Kollege. Aber ebenso kannst Du in längst vergangene Zeiten zurück schweifen, und es können Begebenheiten aus Deiner Kindheit sein, vielleicht eine liebe Mitschülerin oder Dein erster Hund. Es können auch völlig fiktive Dinge sein sowie auch Szenen aus einem Film, der Dein Herz anrührte. Eigentlich spielt es keine Rolle, auf was Du Dich ausrichtest, sondern wichtig ist, dass Du möglichst intensiv Liebe empfindest.

Lass Dir von niemandem einreden, dass nur die Liebe zu Gott die wahre Liebe ist oder die zu „guten" Personen. Es ist das Gefühl der Liebe selbst, das absolut gut und göttlich ist, dabei spielt es nicht die geringste Rolle, was Du liebst. Dem Gefühl der Liebe ist es egal, warum es entsteht. Selbst wenn Du das liebst, was andere verurteilen – das spielt keine Rolle.

Angenommen Du liebst Deine Eltern nicht, dafür aber Deinen Hund umso mehr, dann lass Dir nicht einreden, dass das falsch ist. Jeder, der Hund wie auch Deine Eltern, werden schon das ihre dazu getan haben, dass Du so empfindest! Also denke in diesem Falle an Deinen Hund oder was auch immer das Gefühl der Liebe in Dir entstehen lässt.

Es ist wirklich sehr einfach, Du liegst entspannt in Deinem warmen Bett, bist noch halb vom Schlaf eingelullt und fokussierst Dich auf Dinge, die Du liebst, und wiederholst in Gedanken immer und immer wieder das Wort: Liebe!

Vielleicht klappt es beim ersten Mal nicht auf Anhieb so gut, es könnte sein, dass Du wieder einschläfst, oder vielleicht kannst Du Dich nicht so gut konzentrieren. Aber ich kann Dir versichern, dass auch hier die Übung den Meister macht. Wenn Du es nach einer gewissen Zeit hinbekommst, gleich als Erstes des Tages 15 Minuten intensiv Liebe zu empfinden, dann werden schon aufgrund dessen Deine Tage wesentlich freudvoller werden. Ich wage zu behaupten, dass allein dieses Liebesritual am Anfang Deines Tages in der Lage ist, dass Du Deinen Tag um 10 bis 20 % besser erlebst, als es ohne diese Übung der Fall wäre.

Was ist, wenn Du sieben gute Tage hattest? Ja, dann hattest Du eine gute Woche; hattest Du 52 gute Wochen, dann hattest Du ein gutes Jahr; hattest Du sehr viele gute Jahre, dann hattest Du ein gutes Leben! Ist es nicht das, was wir alle wollen? Dieses Liebesritual sollte nun ein fester Brauch in Deinem Leben werden. Ich weiß, dass es nicht immer leicht ist, eine neue Gewohnheit zu installieren, aber in gewisser Weise ist es nur eine Frage der Ausdauer. Willst Du ein besonders glückliches, erfülltes Leben haben? Wenn die Antwort darauf ein klares „JA" ist, dann solltest Du alles in Deiner Macht Stehende tun, um diese Gewohnheit in Deinem Leben zu integrieren. Eventuelle Schwierigkeiten solltest Du als Herausforderung betrachten und überwinden.

Wenn Du diese Übung schon eine Weile tätigst, wirst Du bemerken, dass Deine Gedanken den ganzen Tag über besser werden, als sie es vor dem Praktizieren dieses Rituals waren. Vielleicht bist Du nun geneigt, diese Übung auch am Tage fortzusetzen, auch das kann man beim Autofahren tun oder im Bus oder in der Mittagspause. Im Grunde ist es egal, wo Du Dich gerade aufhältst, das Wort Liebe kann immer der Background in Deinem Geist sein. In den Zeiten des Tages, wo Du keine wirkliche Konzentration für Deine Arbeit brauchst, kannst Du auch ständig die passenden Bilder dazu auf Deine geistige Leinwand projizieren. Es ist sehr einfach, je mehr Liebe Du den Tag über empfindest, desto besser wirst Du Dich fühlen. Du kannst auch noch das Gefühl von Dankbarkeit mit hinzunehmen. Egal ob bei Deiner morgendlichen Viertelstunde oder aber auch in Deinem Tagesablauf – so könntest Du Dich auch beim Autofahren auf Dinge ausrichten, für die Du dankbar bist. Das kann die grüne Ampel sein, wie auch der zuvorkommende Verkehrsteilnehmer oder auch Dein zuverlässiges Auto. Auch auf der

Arbeitsstelle kannst Du Dankbarkeit empfinden für Deinen sicheren Job oder einen netten Kollegen.

Am Abend, wenn Du zu Bett gehst, kannst Du beim Einschlafen wieder Liebe! denken, ganz genauso wie am Morgen. An was denken die meisten Menschen, wenn sie kurz vor dem Einschlafen im Bett liegen? Oft sind es unerfreuliche Tagesereignisse, die man im Geiste noch mal Revue passieren lässt, oder Begebenheiten aus dem Fernseher. Gewöhne Dir an, stattdessen einfach nur an die Dinge zu denken, die Du liebst! Wenn Dir das gelingt, wirst Du bemerken, dass Du meist genauso liebevoll erwachst, wie Du eingeschlafen bist. Das ist wirklich ein sehr schönes Erwachen in einen wunderbaren Tag!

Ich möchte Dich nochmal darauf hinweisen, wie wichtig es ist, den VIS-FOR-LO® zu leben! Es einfach nur zu wissen und auch zu verstehen, ist nicht das, was Dich zum Ziel führt. Genauso wäre es, wenn Du wüsstest, wie wichtig es ist, Dich gesund zu ernähren und Dich ausreichend zu bewegen, es aber niemals tust. Das ist totes Wissen, das als solches keinen Sinn macht. Nutzen hat es erst dann, wenn Du es konsequent umsetzt!

Zum Schluss noch eine hervorragende Übung zum Erschaffen von Liebe.

Reflexion Love

Besorge Dir einen Spiegel, einen, den Du im Sitzen bequem auf Deinem Schoß platzieren kannst und worin Du noch Dein ganzes Gesicht siehst.

Nun schaue Dir selbst in die Augen und erzähle Dir, dass Du Dich liebst.

Für gewöhnlich wird sich das erst mal wirklich fremd anfühlen, sehr ungewohnt, und irgendwie könnte sich das Gefühl von „peinlich berührt" einstellen. Das liegt aber nur daran, weil den meisten von uns gelehrt wurde, dass sich selbst zu lieben nur etwas mit Egozentrik zu tun haben kann.

Aber wenn man darüber nachdenkt, kommt man schnell zu dem Schluss, dass jede Form des Selbstbewusstseins der Eigenliebe entspringt, so wie das Minderwertigkeitsgefühl seine Ursachen darin hat, dass sich jemand selbst nicht mag. In der Gesellschaft wird Eigenliebe immer mit Narzissmus und übersteigerter Eitelkeit gleichgesetzt. Aber denke darüber nach, Du selbst bist aus Deiner Perspektive der beste und wichtigste Mensch der Welt!

Du bist der Einzige, der wirklich ganz genau weiß, wie es Dir geht und wie Du Dich fühlst. Du kannst mit einem anderen Menschen noch so intim sein, dennoch wirst immer nur Du selbst zu 100 Prozent wissen, was in Dir vor sich geht. Deswegen wird es wirklich beglückend für Dich sein, wenn Du beginnst, Dir selbst die höchsten Gefühle, derer Du fähig bist, entgegenzubringen.

Sage Dir selbst, dass Du Dich liebst, nenne Dich selbst beim Namen, sage buchstäblich: *Andreas, ich liebe Dich!* Erzähle Dir selbst, dass Du der beste Mensch auf dieser Welt bist! Sprich, wenn möglich, diese Worte laut aus, das verstärkt den Effekt gegenüber des nur gedachten Wortes. Wenn Du es eine Weile anwendest, wirst Du bemerken, dass nicht nur Deine Liebe zu Dir selbst wächst, sondern, dass Du allgemein viel liebevoller wirst. Auf einmal wirst Du andere Menschen, vielleicht Kollegen oder Nachbarn, einfach mögen, obwohl sie Dir noch vor wenigen Tagen völlig gleichgültig waren.
Aus meiner Erfahrung heraus ist das eine Übung, die wirklich sehr schnell Veränderungen herbeiführt. Ich bemerkte in kürzester Zeit, dass ich nun ständig Liebe empfand. Schon morgens beim Erwachen wurde ich von einem unglaublich schönen Gefühl der Liebe durchströmt. Oftmals hielt dieses Gefühl den ganzen Tag lang an. Meine Mitmenschen bemerkten diese Veränderung und fragten, ob ich verliebt sei. Auch wenn ich es ihnen gegenüber verneinte, ich war verliebt! Verliebt in mich selbst, in das Leben und die Welt! Es ist wirklich eine großartige Erfahrung. Ich bin der Meinung, dass, wenn ein Mensch sich selbst wirklich liebt, er gar nicht mehr in der Lage ist, andere zu hassen oder auch nur zu verachten. Man ist geneigt, die ganze Welt viel entspannter zu sehen. Ich glaube, wenn alle Menschen sich selbst lieben würden, dann wäre es absolut unmöglich, dass es überhaupt noch Krieg oder ähnliche Auseinandersetzungen geben könnte. Ein Mensch, der sich selbst

liebt, ist nicht in der Lage, einen anderen zu verletzen, er wüsste gar nicht, warum er das überhaupt tun sollte.

Derjenige, der sich selbst Liebe entgegenbringt, wertschätzt auch seine Mitmenschen und bringt ihnen Respekt entgegen. Andere, die sich selbst nicht mögen, haben auch für ihre Zeitgenossen oft nur Verachtung und Geringschätzung übrig.

Falls Du glauben solltest, dass die eingebildete Frau oder der arrogante Mann sich selbst lieben, dann möchte ich Dir sagen, dass Du Dich geirrt hast. Diese schieben ihre Arroganz wie einen Schutzschild vor sich her, damit keiner erkennt, wie gering sie sich selbst in Wirklichkeit schätzen!

Wir sollten unseren Kindern als Erstes lehren, dass sie sich zuerst selbst lieben und achten müssen, um dann diese Liebe und Achtung an andere weitergeben zu können.

Falls dieses: *Andreas, ich liebe Dich!* anfangs zu heftig erscheint und es sich überhaupt nicht gut anfühlt, dann beginne erst mal etwas zaghafter, indem Du einfach nur das Wort „Liebe" wiederholst. Schaue Dir einfach selbst in die Augen und wiederhole langsam und mit Gefühl: *Liebe!*

Auch wenn Du mit Reflexion Love fertig bist, werden Dich dieses Wort und das dazugehörige Gefühl weiter begleiten.

Wenn Du das eine Weile so in abgeschwächter Form praktizierst hast, solltest Du dann dazu übergehen, Dir selbst diese Liebe zu bekunden. Wenn Du beginnst, Dich selbst von ganzem Herzen zu lieben, dann wirst Du nicht mehr bereit sein, Dich zu verbiegen, um die Anerkennung anderer zu bekommen. Du wirst einfach viel mehr Du selbst sein. Du wirst es nicht mehr nötig haben, anderen nach dem Mund zu reden oder Deine eigenen Wünsche zu verleugnen. Auch wirst Du es nicht mehr als notwendig erachten, Deinen Mitmenschen begreiflich zu machen, wie gut Du bist. Du weißt, dass Du gut bist, Du wirst es nie betonen müssen.

Das, was Menschen als Narzissmus bezeichnen, die übersteigerte Selbstdarstellung, wirst Du nicht mehr im Ansatz nötig haben. Denn diese übertriebene Eitelkeit, wie sie im Allgemeinen verstanden wird, hat nicht das Geringste mit wahrer Eigenliebe zu tun!

Durch Deine wahre Selbstliebe wirst Du von Tag zu Tag mehr Selbstwertgefühl entwickeln und Dich dabei einfach fantastisch fühlen. Du ruhst in Dir selbst, nichts kann Dich beeinflussen oder gar aus der Bahn werfen. Du wirst wesentlich mehr Liebe geben als jemals zuvor, es wird Dir leichtfallen, andere Menschen wertzuschätzen und diese zu loben. Deine Mitmenschen werden sich darum reißen, in Deiner Nähe sein zu dürfen, und das nur, weil Du abends eine halbe Stunde vor dem Spiegel sitzt und Dir sagst: *Ich liebe Dich!*

Pair Reflexion Love

Wenn Du eine Person kennst, mit der Dich ein sehr inniges Gefühl verbindet, und Eure Beziehung von großer Vertrautheit geprägt ist, könnt Ihr diese Übung auch zu zweit ausführen.

Dazu müsst Ihr nicht zwangsläufig ein Liebespaar sein, auch bei Verwandten oder sehr engen Freunden ist das möglich.

Wenn Ihr zu zweit Liebe produzieren wollt, könnt Ihr auf den Spiegel verzichten. Ihr setzt Euch so hin, dass es für beide bequem ist, sodass Eure Gesichter dicht beieinander liegen, Ihr könntet z. B. zwei Stühle an den Lehnen zusammenstellen und Euch rücklings darauf setzen. Nun blickt Ihr Euch direkt in die Augen und wiederholt im Geiste das Wort „Liebe!". Hierbei solltet Ihr auf das laute Aussprechen verzichten. Auch jetzt kannst Du denken: *Ich liebe Dich! Du bist ein wunderbarer Mensch!*, oder was Euch gerade so Gutes über die andere Person einfällt.

Dieses Pair Reflexion Love halte ich persönlich dem allein praktizierten nochmals überlegen, weil sich so die Liebe der beiden Personen potenziert.

Wenn Du keinen solch vertrauten Partner hast, dann mache es eben alleine und verlass Dich darauf, dass es nicht mehr lange dauern kann, bis ein solcher Gefährte in Dein Leben tritt.

Bei allen Übungen, die ich Dir in den vergangenen Kapiteln vorgestellt habe, begibst Du Dich auf einen anderen Bewusstseinszustand. Du trittst ein in die Schwingung von Liebe oder Vergebung, in der Du vorher nicht warst. Auch bei der Vision bist Du dann gedanklich in einer anderen Welt, in Deiner Wunschwelt sozusagen. Auch dafür ist eine höhere Schwingung notwendig. Manchmal gestaltet es sich als Herausforderung, auf dieses erhöhte Schwingungslevel zu kommen.

Als Beispiel könnte man anführen, dass, wenn Du gerade in sehr schlechter Stimmung bist, weil Du einen Streit mit Deinem Partner hattest, Du aber trotzdem wie vereinbart zum Geburtstag einer Freundin gehst. Auch dann wird es Dir schwerfallen, Dich auf das höhere Stimmungslevel der Partygäste einzustimmen.

Ebenso ist es, wenn Du beginnen möchtest, zu visualisieren, Vergebung zu praktizieren oder einfach Liebe auszusenden. Es ist einfach eine Sache der Konzentration. Die Stimmen des Tages sind oft laut, und es fällt schwer, sie zum Verstummen zu bringen. Du solltest beharrlich sein und es einfach tun. So wie Du auf der Party vermutlich nach einer gewissen Zeit gelöster wirst und der Streit mit Deinem Partner für eine gewisse Zeit einfach verblasst, so funktioniert es auch bei diesen mentalen Abläufen.

Dieser Prozess entsteht im Grunde wegen der Diskrepanz Deiner momentanen Stimmung und der guten Stimmung, wenn Du dabei bist, zu vergeben oder zu imaginieren. Je schlechter Du Dich beim Beginn fühlst, umso schwerer wird es Dir fallen, auf das höhere Wohlfühllevel zu kommen.

Ich rate Dir an, Dich zu bemühen, schon vorher eine positive Grundstimmung aufzubauen. Dafür gibt es viele verschiedene

Möglichkeiten, das ist auch bei jedem individuell. Oftmals sind es körperliche Tätigkeiten, welche einen positiven Schwingungslevel fördern. Ich fühle mich beispielsweise nach dem Sport sehr gut oder auch nach einer kalten Dusche. Dann funktioniert es bei mir viel besser, mich auf mein Ritual zu konzentrieren. Du solltest herausfinden, was bei Dir in der Lage ist, die Wirkungsweise schon im Vorfeld zu erhöhen, um den Nutzen dieser Übungen noch mehr zu steigern.

„Der Anfang ist die Hälfte des Ganzen."
- Aristoteles -

Gewohnheit

Ich weiß, dass es eine enorme Umstellung sein wird, den VIS-FOR-LO® Lifestyle zu beginnen. Aber so ist es doch mit jedem Umbruch in Deinem Leben gewesen. Als Du die Schule verlassen hast oder das Elternhaus, wurde auch Dein gesamter Tagesablauf reformiert. Die Herausforderung besteht jetzt lediglich darin, es eigenständig und bewusst zu tun, weil Dich ja niemand dazu drängt.

Aller Anfang ist schwer, sagt der Volksmund. Aber mit etwas gutem Willen und einer Vision von einem besseren Leben ist es dann doch ganz einfach.

Du musst lediglich willens sein, das wirklich zu tun, dann kannst Du es wie jede andere Gepflogenheit in Deinem Leben beginnen. Jeder Mensch hat eben so seine Gewohnheiten, bei den meisten weiß er gar nicht so genau, warum er es tut. Man könnte Traditionen anführen; frage Menschen, warum sie das tun. Die meisten haben gar keine objektive Begründung dafür, es ist einfach eine Angewohnheit. Und so kannst Du, wenn Du willst, jede Gepflogenheit in Deinem Leben beginnen, die Du möchtest. Angenommen Du würdest jetzt beginnen, täglich eine für Dich völlig sinnfreie Tätigkeit zu praktizieren. Beispielsweise würdest Du damit anfangen, zu einer bestimmten Zeit eine Tasse Tee zu brühen und diese zu trinken. Du würdest es einfach tun, nur so als Experiment, ohne darin eine Notwendigkeit zu erkennen. Du stellst Dir also eine tägliche Erinnerung in Deinem Handy ein und tust es einfach.

Deine innere Stimme würde Dir jetzt viele Gründe nennen, warum es Unfug ist, jetzt eine Tasse Tee zu trinken. Genauso wäre es, wenn Du beginnen wolltest, täglich zu joggen, Dein Inneres würde Ausreden erfinden, den Sinn infrage stellen, Beispiele anführen von gesunden, schlanken Menschen mit hohem Alter, die niemals joggen waren usw.

Ich hatte mal einen Schüler, er hat nur so als Experiment seinen morgendlichen Ablauf im Bad umstellen wollen. Vorher hatte er die Reihenfolge: Rasieren – Zähneputzen – Duschen. Nun versuchte er, es einfach andersherum zu tätigen. Er erzählte mir, dass er schlechte Gefühle hatte, als er das Bad betrat mit dem Vorsatz, seiner alten Gewohnheit nicht zu folgen. Es fühlte sich einfach falsch an, es fiel ihm schwer, überhaupt ins Bad zu gehen, er musste sich dazu zwingen. Es dauerte ca. eine Woche, bis das negative Gefühl dabei verschwand, und nach drei Wochen fand er es richtig gut und es machte ihm Freude.

Die Kunst, eine Gewohnheit zu erschaffen, liegt darin, es die erste Zeit einfach zu tun, einfach stur zu sein und es zu machen, obwohl es sich falsch anfühlt!

Ich kann Dir versprechen, dass Du nach drei Wochen diese Alarmfunktion Deines Smartphones nicht mehr brauchst, weil Du auch ohne diese daran denkst. Nach zwei Monaten wirst Du es gern tun, es ist jetzt ein angenehmes Ritual, Du wirst von Entspannung reden, Du wirst die gesundheitlichen Wirkungen Deiner Teesorte hervorheben, irgendwann wirst Du Deine Tasse Tee zu dieser Zeit lieben. Beim Joggen wäre es ähnlich, Du wirst das gesteigerte Wohlbefinden, das Du danach verspürst, ansprechen, Deine neu gewonnene Fitness hervorheben.

Den VIS-FOR-LO® Lifestyle zu leben, ist natürlich nicht mit dem Trinken einer Tasse Tee oder 20 Minuten Joggen zu vergleichen. Mir ist schon bewusst, dass es ein relativ großer Zeitaufwand ist.

Dennoch ist es wirklich sehr einfach, das Geheimnis liegt darin, es einfach zu tun. Jeden Tag aufs Neue, so lange bis es eine Gewohnheit ist, die Du nicht mehr missen möchtest.

Wenn Du beginnst, eine neue Gepflogenheit zu installieren, so fühlt sich das erst mal ungewohnt und falsch an, deswegen besteht das Geheimnis darin, es einfach ohne Wenn und Aber zu machen!

Am Morgen zu visualisieren, ist für mich genauso wichtig wie zu duschen, mir würde es nicht einfallen, ohne imaginiert zu haben, das Haus zu verlassen. Ich habe es durch Beharrlichkeit einfach geschafft, daraus eine wirklich felsenfeste Gewohnheit zu machen.

Viele sagen mir: *Ich kann doch aber nicht für den Rest meines Lebens täglich zwei Stunden dafür aufbringen, zu vergeben und zu visualisieren!*

Dann frage ich: *warum nicht?* In den USA sitzt der Durchschnittsbürger über vier Stunden täglich vor dem Fernseher. Wie viel Zeit wird damit zugebracht, negativ über andere zu reden? Im Internet zu surfen und sich destruktive oder sinnlose Dinge anzuschauen? Wenn Du eine Weile den VIS-FOR-LO® Lebensstil praktizierst, wirst Du kein Verlangen mehr nach solchen negativen Tätigkeiten verspüren. Du wirst in Deinem Inneren positiver werden und Dich auch mehr zu positiven Handlungen hingezogen fühlen. Das TV wird beginnen, Dich zu langweilen!

Natürlich kann es spannend sein, sich mal einen Film anzugucken, darauf sollst Du ja auch gar nicht verzichten. Doch hat der stundenlange Aufenthalt vor dem Fernseher weniger mit Spannung zu tun als nur mit gelangweilter Gewohnheit.

Also warum nicht einfach sinnfreie Tätigkeiten durch sinnvolle ersetzen? Und sich dadurch viel besser fühlen und sein Leben dramatisch verbessern? Denn ich weiß aus Erfahrung, wie drastisch der VIS-FOR-LO® Lifestyle ein Leben zum Besseren wandelt. Du wirst nie zuvor gekannte Glücksgefühle erleben, Dein Leben wird Stück für Stück immer besser werden.

Wenn Du dieses Programm eine Weile ausgeübt hast, wird es zu einer schlafwandlerischen Routine werden, die Dich aber jeden Tag aufs Neue zutiefst befriedigen wird, weil das damit verbundene Hochgefühl wirklich genial ist. Wenn das Wort „Sucht" nicht so negativ behaftet wäre, könnte man beim VIS-FOR-LO® fast vom Suchtfaktor sprechen. Es ist eine wunderbare Gewohnheit, Du wirst positiver, liebevoller, umgänglicher und selbstbewusster werden.

Weil sich die Inhalte Deines Unterbewusstseins dramatisch verbessern, wird auch Dein Leben dramatisch besser. Es beginnt damit, dass Du täglich in besserer Stimmung bist, es wird Dir einfach so richtig guttun, wenn die alten negativen Gefühle in Deinem Herzen immer weniger werden. Die Wunde kann eben erst heilen, wenn der Stachel herausgezogen wurde.

Du solltest erkennen, dass diese tief vergrabenen negativen Gefühle in Deinem Inneren die Ursache dafür sind, wenn Dein Leben nicht in den Bahnen verläuft, wie Du es wünschst.

Ich weiß, dass es sehr einfach ist, dafür andere Menschen, die Umstände oder die schlechte Zeit verantwortlich zu machen. Aber ich kann Dir versprechen: Wenn Du darauf wartest, dass die Zeit sich wandelt oder, dass Personen aus Deinem Umfeld oder vielleicht auch die Politiker Deines Landes damit beginnen, Dein Leben zu verbessern, dann kannst Du lange warten. Warum sollten sie das auch tun? Der einzige Mensch, der wirklich ein fundamentales Interesse daran hat, dass es Dir selbst so richtig gut geht, dass bist selbstverständlich Du!

Selbst wenn eine andere Person dieses Interesse hätte, könnte sie es dann bewerkstelligen? Denke darüber nach! Bist Du denn in der Lage, andere Menschen wirklich glücklich zu machen? Stell Dir vor, da ist jemand missmutig, vergrämt, voller latentem Hass, voller Selbstzweifel, voller Schuldgefühle, glaubst Du wirklich, dass Du in der Lage wärst, diesen Menschen glücklich zu machen?

Ich möchte behaupten, das kann nur jeder Mensch selbst tun, indem er diese negativen Gefühle aus seinem Gemüt verbannt.

„An ihren Früchten werdet ihr sie erkennen.
Liest man etwa Trauben von Dornen
oder Feigen von Disteln?“

- Matthäus 7, 16 -

Wenn jemand das tut, wird sein Herz rein, daraufhin wird er sich selbst besser fühlen, was zur Folge hat, dass auch sein Körper, seine sozialen Kontakte und seine Finanzen gesunden werden.

Wenn Du einen Menschen siehst, der rundum glücklich ist, der einen gesunden Körper hat, beglückende Beziehungen zu seinen Mitmenschen unterhält und in finanziell sicheren Verhältnissen lebt, dann siehst Du einen Menschen, der ein reines Gemüt hat. Siehst Du dagegen unglückliche Leute, dann kannst Du gewiss sein, dass diese noch eine gewisse Arbeit zu verrichten haben, um latente Bitterkeit aus ihrem Inneren zu entfernen.

Dabei spielt es keine Rolle, wie sich derjenige nach außen gibt. Wer gibt schon gerne zu, dass er andere Menschen verachtet? Wer erzählt schon gerne Außenstehenden, dass noch abgrundtiefer Hass auf den Ex-Partner besteht? Oder auf den damaligen Chef oder die Eltern?

Fast jeder Mensch ist bestrebt, sich nach außen hin besser zu präsentieren, als er es im Inneren ist. Das ist völlig normal, davon solltest Du Dich nicht beirren lassen. Wenn jemand jammert und sich über andere beklagt, dann lass Dich nicht davon einlullen. Versuche, dieser Person Liebe und Respekt zu geben, aber wisse auch, dass dieser Mensch es selbst ist, der etwas ändern muss.

Ich weiß, das ist eine schwere Lektion, weil es so einfach ist, sich selbst als Guten darzustellen und die Schuld bei anderen zu suchen.

Aber es ist eine Art Pseudo-Einfachheit! Im Grunde ist es viel schwerer. Vielleicht mag es sich für den Augenblick leichter anfühlen, aber auf lange Sicht produzierst Du damit eine Opfermentalität, die verhindert, dass Du jemals ein wirklich beglückendes Leben führen wirst.

Es wird Zeit, dass immer mehr Menschen den Zusammenhang erkennen zwischen der Reinheit ihres Herzens und der Schönheit ihres Lebens.

Es spielt keine Rolle, wie jemand nach außen vorgibt zu sein, wichtig ist, wie frei er wirklich in seinem Gemüt ist, frei von allen negativen Gefühlen.

„An ihren Früchten werdet ihr sie erkennen." Ich weiß, dass dieser Ausspruch aus der Bibel eine sehr unangenehme Wahrheit sein kann. Also verschwende nicht Deine Zeit damit, anderen zu erzählen, wie gut Du bist, setz Dich derweil lieber hin und vergib oder strahle Liebe aus und verbessere damit die Inhalte Deines Unterbewusstseins. Die Früchte werden in Dein Leben kommen, wenn die destruktiven Gefühle in Deinem Herzen immer weniger und die guten Gefühle immer mehr geworden sind.

Übernimm vollständig die Verantwortung für Dein Leben, wisse, dass Du die äußeren Umstände verbesserst, wenn Du Dein Inneres aufräumst.

Auch wenn es erst mal anstrengend sein mag, erschaffe die Gewohnheit in Deinem Leben, den VIS-FOR-LO® zu praktizieren, und Dein Leben wird mit jedem Tag noch besser werden.

Vielleicht hört sich das für einige komisch an, aber ich beurteile die Qualität eines Tages danach, wie gut ich den VIS-FOR-LO® gelebt habe, und nicht nach Resultaten. Vielleicht klingt das ja ein wenig besser, wenn man bedenkt, dass ein Spitzensportler seinen Tag auch danach bemisst, wie er trainiert hat, und dass ein Tag nicht nur dann für ihn gut ist, wenn er gerade ein Turnier gewonnen hat. Denn wenn er täglich wirklich gut trainiert, dann ist er sicher, dass er sich die Medaille holen wird.

Die Weltmeister von morgen sind die, die heute ihr Training lieben!

Genauso ist es mit der geistigen Arbeit, wenn Du diese täglich gewissenhaft erfüllst, kannst Du Dir sicher sein, dass das Leben Deiner Träume bald Dein Alltag sein wird!

Natürlich liebe ich auch Tage, an denen sich große Erfolge manifestieren, aber ich weiß, dass diese die logische Konsequenz, von der täglichen Arbeit an mir selbst sind.

Nachsatz

Nun hast Du einen perfekten und erprobten Plan an der Hand, wie Du Dein Leben gravierend verbessern kannst.

Ich rate Dir jetzt, nachdem Du das alles gelesen hast, nicht andere zu belehren, dass sie nun vergeben sollen und doch alles mit mehr Liebe und Güte betrachten möchten! Nicht die anderen sind wichtig, gehe Du mit gutem Beispiel voran! Wenn Du das tust, werden Deine Mitmenschen durch Deine liebevolle Ausstrahlung sowie durch Deine positiven Ergebnisse von ganz allein darauf kommen, dass Dein Weg der richtige ist. Versuche nicht, ihnen etwas aufzudrängen. Denke daran, die anderen sind so, wie sie nun mal sind, und das ist auch gut so.

Um ein gutes Vorbild abzugeben, solltest Du es aber auch wirklich tun, was Du hier gelesen hast. Es nur zu kennen, ist totes Wissen, was als solches nicht den geringsten Nutzen für Dein Leben hat.

Erst durch die Umsetzung dessen wird Dein Leben in dramatischer Weise verbessert werden. Die Umsetzung des VIS-FOR-LO® ist wirklich sehr einfach, dazu brauchst Du kein Studium, noch nicht mal einen Schulabschluss.

Wie schon gesagt, werden diese Veränderungen nicht sofort in Dein Leben treten, dieser Reformationsprozess dauert eine Weile an.

Auch ich habe mich manchmal gefragt, ob es einen Sinn hat, was ich hier tue. Aber dann kamen die Gegenfragen: *Was ist die Alternative? Sich einfach mit einem mittelmäßigen Leben abfinden? Kann ich das? Will ich das? Was tue ich, wenn ich diese Rituale nicht ausführe? Fernsehen? Kneipe? Internet? Macht mich das glücklicher?*

Diese Fragen konnte ich immer nur mit „Nein" beantworten. Es gibt da immer noch Menschen, die sich für sehr klug halten und Dir erzählen, dass Du eben Deine Wünsche oder Erwartungen herunterschrauben sollst. Kann man das überhaupt, seine Wünsche reduzieren? Sich mit Dingen zufrieden geben, die man eigentlich nicht mag? Ich glaube, dass so etwas überhaupt nicht möglich ist. Ich denke, ein Wunsch, das ist ein Ruf aus Deiner tiefsten Seele, ich glaube gar, dass Gott uns durch unsere Wünsche zeigt, wo unserer wahrer Platz im Leben ist!

Ich habe noch niemals gehört, dass es irgendwen glücklich gemacht hat, wenn er aus Gründen der Anpassung seine wahren Wünsche verleugnet hat.

Allein, dass Du dieses Buch hier gelesen hast, ist Beweis genug, dass Du mehr vom Leben willst als nur ein durchschnittliches Dasein mit einigen Höhen und vielen Tiefen. Das wollte ich natürlich ebenso, und ich wusste ganz sicher, dass die Veränderung, um ein besseres Leben zu erreichen, in mir selbst beginnen muss. Das Wohlgefühl, das ich verspürte, wenn ich damit beschäftigt war, den VIS-FOR-LO® zu leben, reichte mir auch erst mal völlig als Belohnung aus. Der Spruch: *Der Weg ist das Ziel!* ist in diesem Zusammenhang sehr treffend. Denn wenn Du diesen Weg liebst, kommst Du ohne Anstrengung zum Ziel. Früher war es mein

Hobby, in der Kneipe zu sitzen, und mein Leben wurde immer komplizierter. Heute ist es mein liebstes Hobby, zu vergeben und zu visualisieren, es fühlt sich unsagbar gut an, und mein Dasein wird von Tag zu Tag besser.

Wenn man betrachtet, was andere Menschen bewerkstelligen, um z. B. mehr Geld zu verdienen, kommt man schnell zu dem Schluss, dass diese es ziemlich schwer haben. Sie machen beispielsweise ein Fernstudium, vielleicht zwei oder auch drei Jahre lang sitzen sie viele Stunden in der Woche über ihrem Lehrstoff und haben dadurch nun auch nicht mehr Geld. Sie haben die Hoffnung, nach Abschluss einen besseren Job zu finden, was aber auch nur selten garantiert ist.

Sieh den VIS-FOR-LO® Lifestyle als Dein Fernstudium mit Erfolgsgarantie an und mit täglichen Belohnungen, die das gesteigerte Wohlgefühl mit sich bringt.

Ich weiß, es fällt nicht immer leicht. Oft habe ich auch keine Lust, damit zu beginnen, aber ich habe mich immer überwunden und werde es auch in Zukunft tun, weil ich weiß, dass ich mich nach wenigen Minuten noch besser fühlen werde, und wenn ich mit meiner Übung durch bin, wird ein starkes Wohlgefühl über Stunden hinweg die Belohnung sein. Dieses Wohlgefühl breitet sich über das gesamte Leben aus, sämtliche Erfahrungen werden bereichert!

Vor ein paar Wochen war ich essen, nichts Besonderes, nur Burger, aber ich dachte, das ist der beste Burger, den ich jemals in meinem Leben gegessen habe. Es ist der gleiche Laden, wo ich schon seit Jahren hingehe, an ihren Rezepten haben sie nichts geändert. Wenn ich nächsten Monat wieder da vorbeischaue, werde ich wieder denken, es ist der beste Burger meines Lebens! Und so ist es mit vielen Sachen, ich lege mich in mein Bett und denke: *Mein Gott, ist das gut!* Wohlbefinden durchströmt mich wie eine Lawine. Auch in vielen anderen Bereichen ist dieses Gefühl präsent: *Es ist das Beste, was ich jemals ... erlebt ... gesehen ... gefühlt ... usw. habe!*

Auch bei anderen Personen geht mir das so, dass ich sie in einem wesentlich besseren Licht sehe, als das vorher der Fall war. Ich kritisiere niemanden mehr, jeder ist, wie er ist, und das ist auch sein gutes Recht, so zu sein. Ich sehe das Gute in der Person und mag sie dafür.

Jede Sinneswahrnehmung wird zum Besseren hin verstärkt. Das geht buchstäblich bis zur Ekstase. Ich erlebe täglich Glücksgefühle, von denen ich damals noch nicht einmal wusste, dass es sie gibt!

Auch viele meiner Leser berichteten mir, dass sie, nachdem sie eine Zeit lang Vergebung praktizierten und imaginierten, Hochstimmungen erlebten, die sie bislang nur aus ihrer Jugendzeit in Verbindung mit illegalen Drogen kannten.

Wenn Du so viele gute Schwingungen aussendest, ist es gar nicht zu vermeiden, dass auch Dein Leben im Außen in allen Bereichen beginnt, sich zum Besseren zu wandeln. Es kann eine Weile dauern, bis Du das bemerkst. Aber denke immer daran, was denn nun die Alternativen wären? Denke an den Menschen, der ein Fernstudium absolviert, und dann mach einfach weiter. Die Verbesserungen kommen nicht dann, wenn Du es willst, sie erscheinen, wenn die Inhalte Deines Unterbewusstseins sich gewandelt haben.

Früher war ich ein großer Versager, wie bereits geschildert lebte ich vom Sozialamt, und ich war mir sicher, dass das immer so sein wird. Heute lebe ich den VIS-FOR-LO® Lebensstil, bin gesund, reich, glücklich und ich weiß, dass das immer noch besser werden wird. Es kann einfach immer nur noch weiter bergauf gehen. Das ist eine wirklich wunderbare und sehr beglückende Aussicht auf das kommende Leben. Zukunftsängste, die in der Zivilisation zum Alltag gehören, sind mir inzwischen völlig fremd. Und so wird es auch Dir ergehen! Ich wünsche Dir eine wunderbare Reise!

Liebe

Güte

Barmherzigkeit

… und die totale Akzeptanz!